国际关系学院中央高校基本科研业务费专项资金资助

项目编号: 3262022T06

| 光明社科文库 |

全球治理时代高校人才培养研究

苗　青◎著

光明日报出版社

图书在版编目（CIP）数据

全球治理时代高校人才培养研究 / 苗青著. -- 北京：
光明日报出版社，2022.11
ISBN 978 - 7 - 5194 - 6910 - 8

Ⅰ.①全… Ⅱ.①苗… Ⅲ.①高等学校—人才培养—
研究—中国 Ⅳ.①G649.2

中国版本图书馆 CIP 数据核字（2022）第 223520 号

全球治理时代高校人才培养研究
QUANQIU ZHILI SHIDAI GAOXIAO RENCAI PEIYANG YANJIU

著　　者：苗　青

责任编辑：石建峰　　　　　　　责任校对：阮书平
封面设计：中联华文　　　　　　责任印制：曹　净

出版发行：光明日报出版社

地　　址：北京市西城区永安路 106 号，100050

电　　话：010 - 63169890（咨询），010 - 63131930（邮购）

传　　真：010 - 63131930

网　　址：http://book.gmw.cn

E - mail：gmrbcbs@ gmw.cn

法律顾问：北京市兰台律师事务所龚柳方律师

印　　刷：三河市华东印刷有限公司

装　　订：三河市华东印刷有限公司

本书如有破损、缺页、装订错误，请与本社联系调换，电话：010-63131930

开　　本：170mm×240mm

字　　数：159 千字　　　　　　　印　　张：13.5

版　　次：2023 年 1 月第 1 版　　　印　　次：2023 年 1 月第 1 次印刷

书　　号：ISBN 978 - 7 - 5194 - 6910 - 8

定　　价：89.00 元

前　言

　　习近平总书记提出的构建人类命运共同体的重要思想，为全世界指明了全球治理共商、共建、共享的全新内涵。随着人类社会的发展，世界各国大都已意识到，人类社会是福祸相依、命运休戚与共的整体。在全球治理时代深化人才培养，为我国乃至世界提供人才和智力支持变得越来越重要。立足全球治理人才培养，探索"后疫情时代"特点，借助网络思政教育，这对寻求全球治理人才培养的新路径具有重要意义。

　　新时代，全球治理人才培养的使命在于，以"立德树人"为根本，以社会主义核心价值观为基础，培养德智体美劳全面发展的具有浓厚家国情怀和广阔人类视野的全球人才。全球人才培养仍要坚持"立德树人""以人为本"。坚持以携手共进、合作共赢为导向，突破冲突、对立、冷战思维，以"人类优先"为价值引领，探索社会发展新理念，展现丰富的人文关怀和精神内核，彰显出教育领域"立德树人""以人为本"的根本宗旨。

　　本书共八章。第一章从全球治理的基本概念、内涵与特点、价值、机制与模式更新等方面进行阐释。第二章探讨了中国参与全球治理的过程与特点，以及角色与理念的选择。第三章至第八章分别从文化育人、家国情怀、全球素养培育、"后疫情时代"全球治理人才培养、网络思政教育、重点领域就业等方面论述了全球治理时代人才培养的特点及实施路径。

对参与全球治理、具有国际视野人才的培育，应着重突出德智体美劳全面发展的素质教育理念，以坚定的理想信念、深厚的爱国主义情怀、强烈的担当意识、全面的能力发展为核心，发现人、培养人、塑造人。本书在写作过程中借鉴了很多专家学者的论述，在此表示感谢。由于笔者水平有限，本书在内容上还有很多不足之处，恳请各位读者和专家不吝指教。

苗 青

2021 年 8 月 9 日

目 录
CONTENTS

第一章　全球治理的价值与意义

当今时代是"全球化时代"，国家与国家之间、不同区域之间的相互依存日益加深，世界已经成为一个"地球村"。全球化是人类历史深刻变化的过程，其基本特征是，在经济一体化的基础上，产生一种内在的、不可分割的、日益加深的相互联系。随着全球化这种相互联系、相互影响的深入发展，诸多复杂的全球性问题不断出现，比如：全球气候环境问题、国家与国家之间、非国家行为体和国家之间、非国家行为体之间、全球经济危机和金融危机、全球能源危机、全球公共卫生安全等。全球问题的增加使得全球治理变得越来越必要。

长久以来，人们对"全球治理"的认知存在一些分歧，部分人用"国际治理""全球秩序的治理""世界范围的治理"等概念来表述，这些都不准确。一般来说，"全球治理"是"治理"理念在全球层面的扩展和运用，两者在核心内涵和基本原则方面是一致的。人们总是通过理解"治理"的理念来理解"全球治理"。全球治理的兴起，是全球化发展的必然结果，也是应对全球性挑战、发展与转型的政治选择，是所有国家必须面对的现实。

当武装冲突、资源匮乏、能源和粮食危机、生态环境危机、人权问题等越来越直接地成为全球问题的时候，世界各国、组织和机构需要采取联合行动，通过国际规则或各种非正式安排解决全球性问题，维护全球性公共利益。可以说，全球化进程的加速以及对传统国家主权的冲击，是全球治理越来越重要的主要原因。全球治理的兴起，是全球性问题不断累积的结果，也反映出全球性体制的局限和不足。在全球治理中，国家、国际组织、地区组织、非政府组织等将以平等的关系，共同承担解决全球性问题的责任。

全球治理的优势主要体现在以下两个方面：首先，全球治理超越了传统的国际政治、国际关系模式，能有效解决全人类面临的全球性问题，确立真正的全球秩序，超越了传统民族国家的界限。其次，全球治理在尊重差异的基础上，建构了一个"和而不同"的价值取向，在尊重各国的文化传统和多样性需求的同时，遵循人类的共同价值，从而有助于人类解决全面化发展面临的共同问题。

全球治理的发展面临哪些挑战？首先，全球治理需要一个包容性的结构，以应对各种不确定的因素。其次，全球治理需要变革现有的治理机制，完善和发展一套新的全球治理机制，并赢得更多人的认同。再次，全球性的治理合作面临很大挑战，要有效解决紧迫的问题，需要不同的行为主体进行合作。最后，全球治理的理想与现实的矛盾关系依然存在，国家之外的行为者依然受限，全球和区域治理机制脆弱，全球性的公民参与对所有公民团体和政府来说都是一项挑战。

对于中国来说，全球治理是当代中国发展面临的严峻挑战，也是中国参与全球化进程的重要机遇。党的十八大报告指出："加强同世界各国交流合作，推动全球治理机制变革，积极促进世界和平与发展。"中国正在成为全球治理的重要参与者和推动者，这也是我们的战略选择。中国参与全球治理是应对中国国家利益需要、全球化加速、全球问题凸显的必然结果。

总之，全球治理使国家、国际组织、区域组织、非政府组织以平等的关系一起承担责任，这是一种民主的、有规则的、以共同利益与价值为基础的治理，依赖于协商、对话与合作。深入理解全球治理，对我们更加全面、深刻地理解全球治理人才培养具有重要的理论价值。

第一节　全球治理的基本概念

全球治理是涉及多元行为体的管理全球事务的过程与机制[①]。随着在环境、贸易、金融、粮食等领域全球问题的凸显，全球治理作为一种有别于传统政府统治的应对模式就产生了。参与治理的行为主体，除了主权国家之外，还有大量的非国家行为体。全球治理的运作机制具有复杂性和多样性，包括国家间的合作，也包括不同层面的多元行为体之间的协调。

一、全球治理的由来：对全球问题的应对

人类社会对全球问题的关注开始于 20 世纪 60 年代末。1968 年，

---

① 李东燕. 全球治理——行为体、机制与议题［M］. 北京：当代中国出版社，2015：5.

意大利经济学家、实业家佩切伊（Aurelia Peccei）组织一些欧洲的科学家、社会学家、经济学家在罗马举行了第一次讨论全球问题的国际学术会议。该会议虽然未能达成一致看法和结论，却开启了一个新篇章。部分与会者决定继续进行对话，会后成立了罗马俱乐部，该组织最先意识到人类社会必将面临全球问题和危机①。1972 年，罗马俱乐部发表了第一份研究报告：《增长的极限》（*The Limits to Growth*），该报告阐述了影响未来世界的五个主要问题：快速增长的人口、普遍的营养不良、不可再生资源的消耗、加速的工业化、恶劣的环境。报告认为，这些问题是相互联系、相互作用的，如果任由其发展，全球的均衡状态将被打破，为了避免这个结果，需要尽早工作，理解当代全球问题②。从宏观角度来看，世界的系统性包括三类全球性联系：自然界本身复杂的全球性联系；人类社会不断扩大和日益密切的全球性联系；人类社会与自然界之间的全球性联系。这三类全球性联系导致了三类全球性问题的形成③。

作为地球体系的原初系统，自然界的全球性联系包括大气、海洋、生物、土壤等之间复杂的互动关系。地球体系是一个自然的系统，在演变过程中不断产生一些相对人类社会而言的全球性问题，比如海啸、火山、飓风、地震等，从总体上来看，这些问题具有全球意义，属于全球性问题。这些问题源于人与自然的关系，以及人与人的关系，这两种关系是人类社会演进的产物。考察各种全球化

---

① 王兴成，秦麟征. 全球学研究与发展［M］. 北京：社会科学文献出版社，1988：5-10.

② 李宝恒译. 增长的极限——罗马俱乐部关于人类困境的研究报告［M］. 成都：四川人民出版社，1983：20.

③ 李东燕. 全球治理——行为体、机制与议题［M］. 北京：当代中国出版社，2015：6.

现象可以看到，在政治、军事、经济、社会、文化等不同领域，人类社会为一个互动的整体，全球性联系体现了全球化进程中全方位的发展。

人类社会不断扩大和日益密切的全球性联系体现在政治、经济、军事、社会、文化等方面。在政治方面，全球性联系表现为主权国家和非国家行为体的互动所构成的国际体系。国家是这个体系的主要行为体，因为国家仍然是具有主权的政治单元。国家之间的外交活动包括双边外交和多边外交，全球国家之间的联系总和构成了一个复杂的网络。在网络中，每个国家都不可避免地牵动着其他国家的利益，导致整个体系相互影响，这些影响表现为冲突与合作等。联合国作为一个国际平台，是一种带有制度主义特点的全球性联系。

在经济方面，全球性联系表现为全球性贸易、金融和生产体系的发展。贸易活动把距离遥远的不同市场联系在一起，这种联系意味着一个世界市场的形成。在当代，全球的金融活动包括贷款、债券、外国直接投资、股票交易、外汇等，各国的国内金融市场和世界主要金融中心已经融合为一个全球金融体系。

在军事方面，全球性联系表现为暴力手段的效用可以达到全球的范围。一方面，军事力量最强大的国家已拥有可以毁灭地球多次的大规模杀伤性武器和军事作战能力；另一方面，武器开始在全球范围出售，导致现代战争手段向全球扩展。这是一种很危险的现象，这样的一种全球性联系使得全世界处在人类发展所带来的暴力手段的威胁之下。

在文化方面，人类社会全球性联系表现为新闻报道、国际品牌、大众文化、影视作品、文化明星、音乐等的跨国界传播。互联网的广泛运用帮助人类社会建立起思想与观念交流的国际网络，使得文化产品可以广泛传播。就国际关系而言，观念的互动与认同的力量会在世界范围对国际行为体的对外关系行为产生深远影响。

在社会方面，全球性联系表现为人口的全球性移动。人口大规模移动的原因有躲避政治矛盾、战争、谋求更好生活、殖民与奴隶贸易等，近代以来，最大规模人口移动包括欧洲向美洲以及欧洲向澳大利亚的移民。人口的移动造成世界各国人口的多民族特征，也让全世界各个社会之间的联系逐渐加强。

人类社会与自然界的互动，从局部关系发展到全球性联系，经历了一个漫长的过程。今天人们感受到的环境污染、荒漠化、气候变暖、森林消失等问题，都是该互动过程的产物。显而易见，当人类社会与自然界的互动在全球范围内开展以后，各种环境问题就成了全球性问题。

综上所述，三种全球性联系所导致的问题相互关联，自然界产生的问题对人类社会有全球性影响，人类社会产生的问题对自然界也有全球性影响。两者存在密切的相互依赖关系，构成一个完整的系统，这个系统里包含着人类社会面对的众多复杂的问题与风险，只有进行全球治理才能从根本上解决这个问题。

二、全球治理的基本概念

"治理"（governance）的原义指统治或管理的行为、过程、职能、方式及职责的行使等，从构成方面来看，这个词语跟"政府"（government）类似，但不包含像"政府"一样的组织机制与管理机制。概括来说，全球治理指全球各种不同行为体协作应对全球问题形成的复杂机制。

1995 年，罗西诺（J. N. Rosenau）在《全球治理》（*Global Governance*）杂志上撰文，把全球治理界定为一个规则系统，这个规则系统里涵盖了从家庭到国际组织的各个层次的人类活动，规则系统通过控制行动来追求各种目标，进而对各层次人类活动产生跨国性的影响①。罗西诺的这个定义指出了规则系统和人类社会两个要素，是一个非常宽泛的概念。

关于全球治理的概念，联合国"全球治理委员会"（Commission on Global Governance）1995 年发布的一个报告指出，治理是一个或公或私的个人和机构管理共同事务的方式的总和。它是一个持续的过程，人们借此采用合作行动解决冲突的或不同的利益②。"全球治理委员会"对全球治理概念的阐述，说明新形势之下不同行为体进行合作的机制，从我们今天应对全球问题的实践来看，可以对全球治理有更加深刻的理解。

可以说，全球治理是一个问题解决机制，该机制解决的不是一个国家的问题，需要各国协调一起承担责任。同时，全球治理是一个涉及多层次和多种行为体的管理机制，参与的行为体包括主权国家、政府组织、非政府组织、个人等。参与的行为体之间有不同的影响与运作范围，各种公共机构和个人机构，如果可以得到公众认可，就可以发挥作用。全球治理也是一个以合作为特点的管理模式，在制度的范围内各方以合作、洽谈方式达成一致。

---

① Rosenau J. N. Governance in the Twenty-first Century [J]. Global Governance，1995（1）：13-14.

② Commission on Global Governance. Our Global Neighborhood [M]. Oxford：Oxford University Press，1995：2-3.

　　考虑到全球治理的特点，我们在理解"治理"的概念时一定要与"统治"区别开来，在治理中，非国家行为体的地位与作用也很重要，在统治里，国家政府的作用很关键。政府管理的权威是政府机关，其权力运作是自上而下的，带有一些强制性，以法规命令为体现，管理范围是在国家的领土边界之内。与政府的管理不同，治理的权威可能来自政府，但也可能来自其他权威。例如，联合国、G20、国际刑警组织、红十字国际委员会等都体现着某种权威。由于治理的权威有不同的来源，因此其运作有自上而下的一面，也有自下而上的一面。联合国针对全球问题所通过的要求各成员国执行的决议，就具有自上而下的含义，而非政府组织对政府或政府间组织的监督则具有自下而上的含义。这种上下的互动，形成了治理的特有机制。在这样的一种互动中，管理主要是通过合作、协商、建立伙伴关系、确立共同目标等方式实现的。作为一种不受国家边界限制的管理模式，治理所涉及的领域和问题比传统的统治要宽泛很多。在治理的过程中，人们对规范的服从，主要是基于自愿以及对于问题的认同与共识。从这一点来看，治理所形成的权威属性与统治是有相当大的区别的①。从系统体系的视角认识和理解全球治理，才能从纷繁复杂的现象中理出概念的头绪。按照"全球治理委员会"的看法，全球治理不存在单一的模式或形式，也不存在单一的结构。它是一个广泛的、动态和复杂的互动决策过程。这个过程是持续演进的以便对变化的环境做出反应。尽管人们需要对不同问题领域的特定需求做出反应，但治理必须对事关人类生存与繁荣的问题采取整体的解决方法。认识到这些问题的系统属性，我们就必须倡导用

---

　　① 俞可平. 全球化：全球治理 ［M］. 北京：社会科学文献出版社，2003：6-8.

系统的方法来应对这些问题。

三、全球治理兴起的动力

首先，全球治理兴起的最根本动因，就是全球化及其所诱发的全球性问题，我们从全球治理的目标与宗旨中也可以看出这一点。"发展一整套包括制度、规则及新型国际合作机制在内的体制，以此为基础不断应对全球挑战和跨国现象所产生的问题。"① 每个国家应对全球问题的举措和解决路径形式不一、程度不同，但是因为全球性问题超越了国家和区域的边界，凸显的是其全球性和公共性，所以全球治理就具备了发挥作用的空间和平台。全球性问题是人类面临的共同问题，其带来的挑战也是人类面临的共同挑战，其涉及的利益也是全人类的共同利益。全球治理的主要目的，是在全球化与地方化、一体化与碎片化、顺应与抵制并存的总体环境中动态调整权威的分布结构，避免全球体系的危机和动荡，维护全球秩序。因此，当生态恶化、经济危机与金融危机、地区冲突、能源危机、毒品与跨国犯罪、健康与卫生等越来越直接地演变成全球性问题时，各个国家、机构或组织就需要协商对话，达成采取联合的、共同行动的共识，借助具有约束力的全球性规则或是各种非正式的安排来解决共同问题，从而维持正常的国际秩序，实现全球性的公共利益。

其次，从20世纪70年代以来，国家间的相互依赖和技术的飞速发展逐渐让人们认识到，仅凭单个国家的力量许多问题无法解决。国家在明显的多边主义危机的语境下，解决这些议题的能力和意愿

---

① 德克·梅斯纳，约翰·汉弗莱. 全球治理舞台上的中国和印度 [J]. 世界经济与政治，2006（6）：7-16，4.

显著不足。非国家行为体在数量上快速扩张，特别是公民社会和以营利为目的的公司，尤其是那些具有跨国影响力的公司，在全球事务中发挥着越来越显著的作用。全球化带来的跨国界和全球性问题无法依赖具有自我利益的国家单独解决，而是需要国家之间以某种新的形式，例如"超国家治理"加以应对。"在这个日益相互联系的世界上，这些全球性问题的解决不能单靠某一个国家来完成，无论国家擅长与否，充分解决这些紧迫的问题，需要国家之间进行集体协作、采取共同行动。"① 全球治理中的国家、国际组织、区域组织、非政府组织等将以平等的关系，共同承担对于全球性问题的责任。

最后，现有的全球性治理机制、治理手段存在明显的局限。联合国是当前最主要的全球性治理主体，但是由于大国关系、运作机制、关注重点、治理能力等各种历史与现实的因素，在应对国际金融危机、全球气候变化、移民难民问题、打击跨国恐怖主义等问题上，联合国仅仅依靠自身的力量来化解面临的危机和动荡，存在相当的难度。事实上，上述问题显然无法用一个单一的、集中权力的治理体系来解决。全球治理需要各种多层次、宽领域、多主体参与的制度安排。联合国、各主权国家应该发展、培育"新"的全球行动者去解决这些问题。

---

① 戴维·赫尔德，凯文·扬. 有效全球治理的原则［J］. 南开学报（哲学社会科学版），2012（5）：1-11.

第二节 全球治理的内涵与特点

至今为止，全球治理尚未有一个统一的定义，不同的定义强调的一些相同要素包括全球问题的跨国解决、国际规则和秩序、国际合作等。联合国思想文化史研究项目将全球治理定义为"现存的用于制定规范、做出决定和解决问题的一系列合约和安排，以一个全球性政府的姿态监督全球事务"①。此外，还有人把全球治理定义为"包括了所有国家的机构、法规、程序及其人民，为获得更稳定的社会秩序，去解决单个国家无法解决的跨国性问题"②。中国学者把全球治理定义为"通过具有约束力的国际规则和有效的国际合作，解决全球性的问题，以维持正常的国际政治经济秩序"③。从理论上看，全球治理有助于在全球化和国际社会相互依赖的大背景下，站在整体角度观察全世界，形成构建新秩序的视角与理念，以及"天涯若比邻"的新世界观，将公众作为治理的主体推向中心地位，关注跨国企业的作用。

根据庞中英在《全球治理：中国的战略应对》中的观点，全球治理大致有三个阶段，第一个阶段是从联合国与布雷顿森林体系诞

---

① 于军. 全球治理［M］. 北京：国家行政学院出版社，2014：41－43.

② 巴瑞·卡林. 展望2013：全球治理与国际发展［N］. 中国社会科学报，2013－1－16（B2）.

③ 中国社科院财经战略课题组. 推动完善全球治理机制［N］. 经济日报，2013－11－22（15）.

生到 1975 年七国集团成立这一时期。第二阶段是从 20 世纪 70 年代末到 2008 年欧美金融债务危机这一时期，旧型全球治理无法应对新的全球问题。第三阶段是从 2008 年开始，改革原有国际制度，建立新型全球治理机制，一直到今天①。

叶玉在《全球经济治理体系的冲突与协调》中提出，全球化使得全球问题的解决难度加大，传统大国不得不适度包容新兴发展中国家的利益，通过合作解决困扰的问题。另一方面，全球问题的日益突出，呼吁全局性的全球治理②。根据领域，全球治理包括全球经济治理、全球安全治理、全球资源治理、全球环境治理、全球卫生治理、全球公域治理等。

一、全球经济治理

全球经济治理是对全球经济问题的回应，它关系大国与小国的平衡，经济力量与人文关怀的平衡，归根到底是资本和人的平衡。全球经济治理旨在保护市场和促进效率，提升对公平的诉求，关照新兴行为体，加大与相邻主体互动。

全球经济治理机制大概分为三类。第一类叫作领导性机制，指一些由首脑直接参与，为全球经济治理提供最高层级政治推力和最全视域统筹平衡的国际经济协调机制，包括二十国集团（G20）峰会和金砖国家领导人峰会（BRICS）。第二类叫作执行与咨询性机制，是全球经济治理的真正主体，为落实 G20 的行动目标提供一些

---

① 庞中英、王瑞平．全球治理：中国的战略应对［J］．国际问题研究，2013（4）：57–68.

② 叶玉．全球经济治理体系的冲突与协调［J］．国际观察，2013（4）：73–79.

分析和建议。第三类叫作合法性机制，包括联合国等及附属基金。全球化给我们带来很多机遇，但是当前全球化带来的利益不均衡，如果在生产、消费、资源利用方面不能持续改善，那么持续的不平等和争夺资源将引起争端，不利于人类实现可持续发展。

如何改革全球治理机制，根据于军老师的观点，首先，应该建立缓解全球经济危机及金融危机的综合机制。在欧元区域，处理单独国家债务危机的方法应该转变为更加全面和综合的方法，以解决系统性危机。一些主要的发展中国家，比如中国应该采取反周期政策，采取措施解决结构性问题。其次，应该继续深化全球金融体系改革。扩大国际货币基金组织特别提款权的运用范围，成立国际储备货币体系，提升各层面治理机制的协调与合作，发挥联合国、金砖国家、上海合作组织等机制的综合作用。再次，需要从根源上治理全球金融市场。货币政策和财政政策之间要有更大的协同关系。向发展中国家，特别是一些财政空间有限而又面临着较大发展需要的发展中国家提供足够的资源。最后，各国应推动建立均衡、普惠、共赢的多边贸易体制。支持倡导各种多边、双边贸易安排的包容性和开放性，推动世贸组织多回合谈判早日取得全面均衡的成果，共同建立自由开放、公平公正的全球贸易环境和贸易体系，让自由贸易的收益为各国人民共同所有。

二、全球安全治理

全球化对国家安全的影响是多方面的，安全困境的核心问题是国家之间的恐惧和不信任。普及新的安全观是全球安全治理的抓手，全球化的发展促进了不同国家之间的关系和相互依赖，促成了国际社会的形成，但至今仍不能改变国际社会的无政府状态，各国仍然面临着安全困境，以政治—军事为中心的传统安全观仍占支配地位。急需一种方法对国家的行为施加某种规范性限制，让相关国家组成安全体系，在这个体系中，各国认同一定的准则、规则、原则，这些规范性的东西可以让各国互惠互限。用合作的方法共同营造和平安全的国际环境，进而保证国家安全。冷战结束以来，以合作求安全的需求越来越明显，同时，世界贸易范围扩大了，跨国公司越来越重要，全球金融市场形成，国际组织和机制日益增多，各种文化之间的影响增多，形成了和平与发展的环境，出现了以发展为中心的综合安全观。新的安全观探讨如何成立更加稳定与和平的国际环境，何种促进国际关系演进和各国国内进步的国际格局有利于人类可持续发展，在这种情况下，加强国际合作，以合作求安全成为必然的安全战略选择①。

　　全球安全治理需要发达国家重视发展中国家的需求，如果发达国家想快速建立加强自身安全与支持反恐行动的全球法律，就必须采取措施降低发展中国家民众的不安全感，大国应该增加自律，投入更多的资源满足发展中国家生存和发展的要求，减少滋生不安全的因素。发展中国家一般更加关注民生问题，包括社会经济福利等，如果一些国家国内的经济和安全治理得不好，很可能会通过全球网络影响其他国家乃至全球安全环境。

三、非传统全球安全问题的治理

　　粮食、气候、能源资源、公共卫生、网络等非传统资源在全球

---

　　① 于军. 全球化与国家安全 [J]. 哲学研究, 2003 (4)：21-25.

治理中需要关注。比如，气候治理集环境、科技、政治、经济问题于一身，成为各方争夺经济利益和发展空间的焦点。新一轮全球气候治理谈判的问题包括责任与义务、资金和技术、不同集团对气候变化的不同主张。应对气候问题将面临经济等因素的挑战，气候变化问题已经成为大国内外战略的组成部分，世界气候政治的博弈越来越激烈，未来发达国家长期占领气候政治格局的优势地位很难改变，发展中国家将面临严峻挑战。在应对气候改变和能源压力的同时，民族主义和全球主义成为全球能源治理的两种方向，从民族主义来看，欧美通过贸易和投资手段提升竞争力，通过抑制发展中国家能源创新来维护其领导地位，在能源博弈中保持霸权。从全球主义来看，世界各国为了建立开放和公平的国际能源市场，需要加强能源投资，促进能源贸易，维护能源安全。

再比如，在网络安全治理方面，当前全球互联网治理的核心是构建网络空间国际秩序。具体表现在网络空间原则和规则的创制上。2011 年，中国、俄罗斯、塔吉克斯坦、乌兹别克斯坦联合向联合国大会提交了《信息安全国际行为准则》草案。2011 年 11 月，在英国伦敦举行的网络空间国际会议宣布启动"互联网全球治理的伦敦进程"，旨在推动制定网络空间的"行为规范"。

总而言之，全球治理是全球化的关键阶段，在发达国家经济陷入低迷状态，很难提供全球治理公共产品的背景下，新兴大国承担的责任越来越多，发挥的作用越来越大，这成为今后一个时期全球治理的重要特点之一。同时，新兴大国在全球治理不同领域的能力发展很不平衡，全球经济治理不断深入，全球安全治理陷入僵局，全球气候治理进入具体阶段。

全球治理是一个庞大而深邃的问题，包括政治安全、国际贸易、资源能源、应对气候变化、网络安全等诸多领域内容，涉及各国政府、国际组织、机构、企业和个人等各方利益，矛盾相互交织，改革比较困难。全球治理呈现复杂的特点，全球治理主体和治理对象出现变化，西方传统大国更加被动，新兴大国更加主动，全球治理不能等同于"西方治理"。全球贸易机制面临新一轮的规则构建。在全球贸易领域，发达经济体和新兴经济体在贸易和投资自由化、便利化领域出现攻守易位，发达经济体市场萎缩导致贸易保护主义盛行，表现为绿色壁垒、反倾销反补贴、知识产权惩罚等。发达经济体要求新兴经济体扩大市场准入的压力不断加大，金砖国家推进国际经济治理改革的内涵进一步具体化。世界银行在发展和扶贫方面也面临新的挑战。

第三节　全球治理的价值

一、全球治理的价值

首先，全球治理超越了传统民族国家的界线，将民族国家与超国家、跨国家、非国家主体有机地结合在一起，形成了一种新的合作格局。民族国家依然是国内政治和国际政治生活的主体，从而也是全球治理的主体，但一些重要的国家集团和国际组织，如联合国、世界贸易组织、国际货币基金组织、世界银行、二十国集团

（G20）、东南亚国家联盟、上合组织、亚洲基础设施投资银行等开始超越主权国家的传统边界，深度参与全球事务，对国际社会的政治经济进程产生重大的直接影响。一些非政府的国际民间组织、各种跨国社会运动、慈善组织、绿色组织等正在迅速增加。它们既在国内影响国家的政策制定和实施，也在国际上影响全球治理规则的制定和全球治理机制的形成。

其次，全球治理使人类面临的共同问题有了新的解决路径。全球治理势必要涉及经济与金融危机、气候变暖与环境恶化、疾病蔓延、人道主义灾难、极端主义和恐怖主义等威胁人类生存的一些重大问题。单一国家或组织无法独自应对和解决这些问题。因此，在单一国家寻求独立自主处理上述挑战时，全球治理又提供了新的选择，即全球范围内的各种协作会形成巨大的合力和能量，有效化解矛盾。

最后，全球治理在尊重差异的基础上，日益建构起既具有普遍性，又尊重特殊性的价值取向。全球治理的价值，就是国际社会所要达到的理想目标，也是得到各个国家普遍认同的追求，也就是全人类都接受的价值，如自由、平等、公平正义、责任、合作、透明、廉洁等。这些价值应当是超越种族、宗教、意识形态、经济发展水平等的全人类的价值。但全球治理同时尊重将差异性容纳进其普遍性诉求之中。有效的全球治理既要求遵循人类的共同价值，又要求尊重各国的文化传统和多样性需求。

二、全球治理的重点

（一）国家与非国家行为体

全球治理意味着在全球性事务中，行为主体已不再局限于国家本身，或者正式的政府间机构。非国家行为体参与全球型网络化管理的特征日益显著，非政府组织（NGO）、企业、个人都已经逐渐成为全球治理的重要参与主体。一方面，要认识到国家的作用依然强大，"尽管在全球化影响下，国家中心治理的主导地位受到来自超国家中心治理的挑战，但总体而言，国家中心治理依然保持着相对的优势地位"；另一方面，必须承认，国家不再是唯一的权威。例如，在解决全球经济平衡和气候变化问题时，最理想的情境是达成多边合作共识，而非仅仅局限于若干国家。因此，如何认知全球治理中的多元行为主体，如何在充分发挥国家有效领导力的同时，容纳多样性的存在和影响力，是构建全球治理结构的重要内容。

全球治理要求非国家行为体发挥更为积极主动的作用。联合国、国际货币基金组织、世界银行、欧盟、东盟、非盟等，以及大型跨国公司、慈善组织、环境保护组织，乃至个人行为者，都将成为参与全球治理的重要角色。当然，全球治理机制在限制国家行为的同时，例如加入世界贸易组织的国家必须接受其争端解决机制，也限制了其选择范围，例如非国家行为体如果缺乏合法性，那么其得到的支持就将是非常有限的。"全球性规则也会对个人产生不利的影响。如果这些机构缺乏合法性，它们的权威就无从找寻，也无权享有民众的支持。"因而全球治理机制在带来收益的同时也增加了挑战。

（二）合法性

全球治理的合法性意味着权威和权力的运行过程能够得到认同。我们可以将其理解为全球治理的行为主体具有制定规则以及试图确保这些规则得到遵守的正当性，服从规则的民众有理由去遵循规则或者至少不干扰他人服从规则。

阐释全球治理机制合法性需要一套规范的标准，这种标准能够提供对全球治理机制进行客观评判的基础，当不同政策对象群体或个体因这些机制未能满足其对全球性公平正义的需求而产生不满时，就能够推动进一步的变革。全球治理机制要确保其合法性，就必须能够引导公众遵循民主和法治的原则，区分合法与不合法、公平与不公平的治理机制，从而对合法性的评判达成合理的一致。"如果确立广泛认可的标准，无论是合乎该标准还是努力去达成该标准，都会增进有价值的全球治理机制的公众支持度。"具有合法性的全球治理机制应该能提供并维护国家无法供给的权益和秩序。

全球治理的合法性，并不一定与民族国家的合法性标准保持一致。它也不像国家政府一样在其领土内行使垄断暴力。全球治理的合法性，一是需要得到全球治理过程的行为者的认同和支持；二是应该合乎最低道德接受度、相对获益和保持机制的整体性；三是需要具备一定的认知优势，以便于做出可靠判断。全球治理的合法性，应该是持续的、可调整的、灵活的。这样，才能够保证全球治理顺利运转。

（三）全球治理与民主

全球治理最大的一个挑战，就是民主超越了单一国家边界而拓展到全球层面后，如何能够得到更好的实践。人们面对全球性问题时，一方面是全球利益，另一方面是国家利益。全球性的民主，该怎样来解决全球性的问题呢？

随着民主国家的力量被全球化力量超越，有必要正视这种民主空间的扩展，"世界主义的民主"就是从正在出现的全球公共空间扩展之中想象出来的。欧盟作为一个鲜活例证，为此提供了一定程度的解释。在戴维·赫尔德看来，"欧盟在设计更有效和更负责的超国家治理方面有着直接的经验。它提供了一种没有国家治理的新的思维方式，鼓励一种相对更为民主的治理"。①。

但是，全球治理的民主，也面临着严峻的挑战。一方面，如果全球性问题的解决无法满足某个国家或区域利益对象的认可，那么这种民主就可能被具有排他性的民粹主义侵蚀而受到削弱；另一方面，如果政治规模、政治技术有局限性，或者参与者确信其无法参与政策过程，或者意识到被政策过程忽略，那么这种民主也仍然存在危险。"无论是欧洲治理还是全球治理，我们今天的制度设计比以往任何时候都更需要给予民众参与的途径，使他们真正参与塑造未来世界，塑造他们希望传承给子孙后代的世界。"因此，推动全球治理中的民主，最为关键的是创造更多的规范性制度平台，将更广泛的民众纳入治理过程之中。

三、全球治理的作用

各国相互依存的不断加深，意味着我们需要在尽可能协调一致的基础上，分析、讨论、理解和联结彼此之间的法律、标准、价值观以及其他塑造人们行为的社会规范。在我看来，这是人类在经济、社会和环境方面获得可持续发展的前提条件。

---

① 戴维·赫尔德，凯文·扬. 有效全球治理的原则 [J]. 南开学报（哲学社会科学版），2012（5）：1-11.

（一）全球治理的挑战

全球治理的首要挑战是如何确定领导者。由谁来领导？是一个超级大国还是一部分国家的领袖？谁来选择这些国家，抑或由一个国际组织来领导？按照传统的合法性原则，团体的领导应通过该团体的成员或他们的代表投票来选择。这里隐含的逻辑是，确立领导者的机制必须拥有凝聚大多数民众共识的政治能力，并能够使民众确信其自身的政治权利得到了保障。正是因为合法性源于民众与领导者之间的亲密关系，全球治理的第二个挑战是两者在全球层面固有的距离，国际性决策对于民众而言过于遥远，既难以参与又无法直接问责。一种较为普遍的观点是，这种距离会造成所谓的"民主缺陷"和缺乏责任。

主权国家的合法性是独一无二的。当它们成为一个国际组织的成员时，会将合法性有限地传递给该组织。理论上，不同国家在不同领域的协调行动理应形成协调的全球行动，但实际上，不同国家在国际问题上的态度往往是不一致的。

与实际权力的距离、治理层次繁多等等，都对全球治理的效率构成了挑战。主权国家或多或少反对将权力转移给国际机制，拒绝与国际机制分享权力。通常情况下，一国的外交系统不会因为国际合作而受到表彰，也几乎没有外交官因为对外"说不"而使其职业生涯受损。相反，对外"说是"的风险要高得多。

通过传统的国内民主模式来解决全球问题有其自身的局限性，而且如果全球治理不能获得其自身的民主声望，如果民众发现那些他们关注的日常问题由于全球化而被政治家在选举中忽视，那么这反过来会损害国内民主的信誉。

（二）欧洲提供了新的全球治理范式

根据帕斯卡尔·拉米在《全球杂志》（*Global Journal*）里的文章，欧盟治理范式的显著特点是政治意愿、明确目标和制度框架三个要素的结合，在威斯特伐利亚原则的基础上实现了飞跃。主要的创新包括：欧盟的基本法高于成员国的国内法律；建立了专享立法倡议权的欧委会；建立了对成员国法院具有约束力的欧洲法院；建立了两院制的欧洲议会系统，欧洲理事会代表成员国，欧洲议会则代表欧盟公民。这些制度创新是对特定的共同目标的补充，而非替代。实际上，全球治理并不缺少这样的共同目标。欧洲统一运动的总设计师让·莫内曾指出："主权国家的架构已经无法解决人类今天面临的问题，欧洲共同体只是我们迈向未来世界组织形式的一小步。"

从这个观点出发，我们可以从领导力、内部协调、效率与合法性的角度对欧盟机制进行研究。在内部领导力方面，欧盟表现出色。20世纪90年代欧洲共同市场的建立和随后欧元区的形成，都是政治意愿、共同目标和机制创新协同作用的成功范例。但也正是由于对外方面缺乏上述三个要素，欧盟的外部领导力（对世界事务的影响力）则相对较弱。国际贸易是一个例外，因为欧盟在过去50多年里已经形成了贸易开放的共同目标，有共同的贸易谈判代表，在贸易领域保持口径一致，发出统一的声音。

在内部协调方面，欧盟的良好表现则得益于其内部机制。欧委会坚持共同领导原则，在大多数领域独享立法倡议权；欧洲议会的权力不断扩大，专业化水平的不断提高（包括通过《里斯本协定》），都促使欧盟的行动越来越协调。但不能否认的是，欧盟与成员国权力界限不清，当前的债务危机暴露了欧盟在宏观经济政策领域和预算问题上缺乏协调，而能源和交通领域同样存在类似的问题。

在效率方面，欧盟成就卓越。这归功于欧盟法院在法治方面取得的成绩，同时也归功于投票权的不断扩大以及欧委会与欧盟法规保持一致的能力。

合法性是欧盟表现最差的领域。欧洲公众和欧盟之间的分歧正日益扩大，尽管欧盟做出了适应民主要求的努力，但民主仍被排除在欧盟的机制安排之外。特拉维夫大学国际研究中心主任埃利·巴尔纳维将此称为欧盟在民主方面的"冷淡"，其原因仍然难以解释，应得到知识分子的更多关注。如果从人类学的维度分析，欧盟架构仍然存在盲点，核心问题是认同感与归属感之间，以及历史、地缘和日常生活之间的复杂关系。

（三）欧盟一体化在过去七十年的迅速发展为全球治理提供了有益的启示

启示之一：在缺乏明确共同目标的情况下，仅仅依靠政治意愿或者制度框架是无法实现目标的。同样，如果没有制度框架，仅靠共同目标也无济于事。这三个要素对于一体化而言缺一不可，但即便三者兼备，仍可能缺乏实际上或者认知上的合法性。根本问题在于，像欧盟这样的超国家机制需要各国领导人长期的政治承诺，而且这种承诺不随各国内部选举引起的政治变化而变化。

启示之二：法治与确保承诺履行至关重要。全球治理必须植根于利益相关人在法律和规则方面所做出的承诺，同时确保承诺得以履行。这正是多边贸易体系过去六十多年的核心原则，通过具有约束力的争端解决机制迫使成员国履行承诺，规范国家间贸易。对于当前国际社会关注的气候变化问题和核不扩散问题，如何建立承诺并确保履行也是核心问题。

启示之三：该启示涉及辅助性原则，即在最有效率的治理层面采取应有的行动。全球性问题需要全球性公共物品，这就必然要求有全球性的权力机构。这样的权力机构必须按照辅助性原则分层次建立，只有这样才不会侵害自由，才能真正有效。显然，那些能够在地区、区域或国家层面解决的问题，不应成为国际机制的负荷。

在民生政策属于国家层面的情况下，全球治理的合法性如果要得以加强，就应在国内政治讨论中更多地引入国际问题，以促使各国政府在国际层面采取更负责任的行动。要建立国际组织的合法性，仅仅成员国是民选政府，或者采取"一国一票"协商一致的决策方式是不够的。我们必须抹去地区、国家和全球民主的界限，国家内部的行为体——政党、公民社会、议会、贸易联盟和公民个人——都必须确保那些与他们利益相关的全球性问题，在国家和地区层面得到了充分讨论。令人欣慰的是，这一过程已经开始。我们刚刚经历的全球经济危机，加速了全球治理向一个新的制度框架转化，我将这一框架称之为"协调三角形"。

"协调三角形"的"第一条边"是二十国集团，取代原先的八国集团，为全球治理提供政治领导和政策指南。"第二条边"是国际组织及其附属的非政府组织，在法规、政策、项目或报告方面承担专业性职能。"第三条边"是联合国，提供合法性的综合框架，以保证对行为体的问责。

第四节　全球治理机制

全球治理作为一种机制，本质上是一种国际合作。这种合作之所以会发生，是因为各方面对着共同的问题与挑战，因而具有共同的利益。由于解决全球性问题需要的不是偶发的和零星的合作，而是需要采取系统的和长期的共同行动，因此在合作进程中会形成各种约束行为体行为的规范。这些规范的体现就是国际制度。

从机理来讲，全球治理的进程始于相互依赖。由于全球问题是各方面对的共同问题，因此各方因为这些问题而利益相互关联。每一方的行为都会对其他方的政策造成影响。这样一种密切的关系，使得它们在应对这类问题时，能够在一定范围和一定程度上形成共识，即要实现自己的目标，例如，免于各种经济危机或是谋求更适合的生存环境，都有赖于其他行为体采取共同行动。

在国际关系中，相互依赖所形成的共同利益，会导致行为体之间形成合作。所谓合作，是指国际行为体在互动中自愿调整其政策的行为，目的是协调各方的不同点，以达到一种共同得益的结果。全球政治中的国际合作，通常具有三个特征：第一，国家以及其他非国家行为体的行为是自愿的；第二，合作涉及对共享目标的认同与承诺；第三，合作所产生的是对参与者有利的结果①。

---

① S. D. Krasner（ed.）. International Regime, Ithaca［M］. New York：Cornell University Press，1983：2.

　　行为体在治理全球问题时进行合作，就需要确立共同的行为规范。这种规范在一定的领域对参与互动的行为体有两种作用：一是约束作用，明确哪些行为是提倡的，哪些行为是禁止的，使各方都承担起相应的责任；二是建构作用，即用适当的行为准则改变参与互动之行为体的观念，包括推动一些原本消极的国家提高认识。由于在全球治理的机制中不存在可强制实施规范的"世界政府"，因此第二种作用尤为重要。事实上，即使是原本未参与合作的行为体，在该领域的政策行为也会受到这些规范的影响和建构。例如，拒绝加入核不扩散体制的国家，尽管其行为不受条约约束，但其观念却会受到这一体制的压力。

　　由于全球治理不是靠权力结构实施强制而是靠规范起约束和建构作用，因此规范的确立就成为有效治理的关键。然而，在国际无政府状态和行为体自利的前提下，各方要在互动中建立规范并不是一件容易的事。即使行为体在相关问题上有非常明确的共同利益，有采取共同行动的意愿，要建立能够确保合作的行为规范也仍然需要进行艰难的讨价还价。就参与合作的行为体来说，实现共同利益是需要各方都付出代价的。虽然从长远来说各方都能从中得利，但就短期利益和相对利益来说，各方所面对的情形却可能有很大不同。例如，解决全球气候变暖就必须减少温室气体的排放，而减少温室气体排放就会加大生产成本，直接影响国家的经济增长。面对这种情况，国家如果从全球利益出发，当然应当尽量减少排放。但如果从自身利益出发，则希望最大限度"搭便车"，让别国减少而自己不减，甚至还继续增加。由于各行为体（特别是主权国家）在处理自身利益与全球利益、眼前利益与长远利益时，都会最大限度地维护自己的利益，因此在进行国际合作时，不可避免地会形成矛盾与斗争。

由于行为体进行合作必须协调各方的不同利益，因此在讨价还价过程中各方都不可能获得最大利益，都必须做出某种让步。在这里，让步过大或过小，合作都不能实现，因为各方都有利益的底线。对每一个谈判方来说，理想的结果都是以最小的让步换取最大的利益。如果这种利益的交换是双边的，情况会相对简单一些，如果是多边的乃至是全球性的讨价还价，那情况就极其复杂了，达成协议往往需要经过长期的谈判。目前的全球气候谈判、贸易谈判，作为治理相关领域问题的进程，已呈现出长期性与复杂性的特点。

在全球治理的谈判过程中，参与的行为体是有不同的利益需求、实力地位与影响手段的。虽然这一过程的运作机理不同于权力政治，其结果并不取决于各方权力关系的现状，但行为体实力强弱的不等，在治理进程中的地位与影响还是有差异的。在谈判中，大国由于利益关系更大，对其他国家的影响更大，因此对谈判的影响往往也更大。大国发起的谈判，小国通常不得不参加；而小国发起但大国不理会的合作，则往往搞不起来①。正因为存在这样的差别，国际社会往往要求大国负起更大的责任。

行为体在合作中通过讨价还价确立行为规范有各种不同的类型，有些具有较强的约束力，也有些则只具有引导作用。无论哪一类，都汇聚了各方的希望：首先，确立适当行为的准则，在规范上形成共识，并扩大和传播这样的共识；其次，各方都按规范行事，承担

---

① Mark R. Amstutz. International Conflict and Cooperation：An Introduction to World Politics ［M］. Boston：Boston McGraw-Hill College，1999：78-79.

27

相应责任，形成共同行动，推动问题得到解决。

由于当今的全球问题是国际社会必须面对和解决的问题，而进行合作和确立规范是唯一适当的途径，因此伴随着全球治理进程，在全球问题的各个领域，已形成广泛的合作。例如，在保护地球环境、推动全球发展、制止国际冲突、防止大规模杀伤性武器扩散、防治各种传染病、解决难民问题、打击跨国有组织犯罪等方面，各种行为体，特别是主权国家，接受共同的约定和规范已越来越普遍。

全球治理从形态上来说，包括从全球到个人的各个层次的管理活动。这些活动经由各种联系而形成广泛的网络。在这些网络中，国际政府间组织、各国政府和非政府组织是三类主要的行为体。虽然这些行为体的国际互动密切，存在交织的情形，但就平台而言，还是可以看到有两类互动最为突出，即体现主权国家合作活动的国际政府间组织的治理与体现非政府组织活动的民间社会的治理。观察这两类模式的运作，我们可以大体上了解全球治理是怎样进行的。

一、政府间组织的治理

政府间组织是各主权国家进行全球治理的平台。就当代的国际组织而言，有全球性组织，也有地区性组织，有涉及多类问题治理的组织，也有涉及专门问题治理的组织。在这些组织中，联合国是一个最具普遍性的组织。联合国不但具有会员国参与的普遍性，而且具有治理问题的普遍性。以联合国为例，我们可以看到政府间组织的最典型的互动形态。

就当今的全球治理现状而言，联合国无疑是提出议程、制定规范和协调行动的最具影响力的体系。在联合国的这个体系中，参与者除了联合国内部的各专门机构和与联合国存在隶属关系的组织之外，还有许多与联合国进行合作的独立的国际组织和非政府组织。联合国把这些行为整合在一起，所采取的行动涉及全球治理的各个领域。在全球冲突的问题上，联合国安理会、联合国大会以及负责维和行动的专门部门等是联合国的主要治理机构。安理会负有维护国际和平与安全的首要责任，会促请争端各方以和平手段解决争端，决定是否采取维和行动为结束冲突创造条件，必要时也可以决定实行制裁，甚至授权使用武力。安理会制裁委员会可以确定制裁名单，要求各会员国执行。联合国的这种治理机制，尽管带有一定的强制性特点，但从机制来讲，还是会员国采取集体行动进行治理的过程。

在这类政府间机制中，还包括二十国集团、七国集团、金砖国家、七十七国集团这类非正式性的集团。与正式的政府间组织不同的是，这类集团组织形式松散、没有正式组织章程、没有固定的秘书处或常设机构等。这类非正式集团在全球治理中日益活跃，试图扮演重要的角色。

二、全球治理中的非政府组织

在全球治理中，非政府组织扮演了极为重要的角色。它们是以政府间互动为主的治理结构的参与者，是专门领域的问题解决者，是各国政府的批评者和监督者，也是治理理念的创意者和传播者。就一些特定的组织而言，它们甚至在发挥着协调全球各层次行为体研讨全球问题的领导者和组织者的作用。

由于在当今的国际关系中，国家行为体仍然扮演着主要角色，因此非政府组织参与全球治理的最典型的体现仍然是在政府间结构的互动中发挥参与者和批评者的作用。在很多情况下，非政府组织的活动是在联合国的框架之中，但也有很多时候非政府组织是独立地发挥作用，在行动上与联合国体系相配合①。

《联合国宪章》第七十一条规定："经济与社会理事会得采取恰当办法，与各种非政府组织会商有关于本理事会职权范围内的事件。"根据联合国提供的 2010 年数据，目前已有 12000 多个民间社会组织与经济和社会事务部建立了合作关系。这些组织包括协会、基金、联合会以及近 1000 个土著人民组织。这些组织经申请可以得到经社理事会的协商地位，参与联合国举办的相关国际会议及其筹备阶段会议。据统计，1946 年只有 41 个民间社会组织获得咨商地位，到 2010 年已有 3743 个组织获得这一地位②。联合国与这些民间社会组织合作的领域涉及文化与教育、经济与社会发展、环境、健康、人权、人口、和平与安全等③。在联合国治理各种全球问题的过程中，非政府组织几乎都有一定程度的参与。

非政府组织在治理中所发挥的作用是多种多样的。它们可以向政府机构进行正式的询问、提出意见、提供信息，可以打电话、发电子邮件给相关决策人员以影响决策过程，可以参加各种专业会议提出自己的见解，可以对政府行为诉诸法律，可以通过新闻媒体造势，也可以示威甚至进行某种程度的暴力活动。非政府组织可能采取的行动大体上可分为直接施加影响和间接施加影响两种方式。前者是直接与政府机构打交道，诸如参加国际会议和政府的咨询活动，

---

① 可参见联合国网站的相关网页：http：//www. un. org.

② 参阅联合国相关网页：http：//esangoun. org/civilsociety/displayConsultativestatusSearch. do？method=search&session Check=false.

③ 具体情况可参见联合国网站：http：//www. un. org/zh/civilsociety.

通过提出意见改变政府行为；后者是通过改变大众观念来影响政府行为，主要表现为进行各种社会活动和宣传活动。

除了建议、批评和监督之外，在很多领域非政府组织都以实际行动直接参与问题的解决。例如，在人道主义救援方面，非政府组织就做了大量工作。武装冲突、政治动荡、饥荒、环境退化、传染病以及重大自然灾害等，都会导致某种程度的人道主义灾难。对这些灾难进行人道主义救援的组织，除了各种政府间组织之外，还有大量的非政府组织。例如，联合国难民署在解决难民问题时，在很大程度上就依赖于与其他国际组织和非政府组织的合作。在联合国难民署的治理活动中，地方性非政府组织扮演了重要角色。联合国难民署的非政府伙伴中，有75%是地方组织。兼具跨国性、地方性和中立性的非政府组织，在全球治理中可以说具有其他行为体所不具有的优势。

一些非政府组织在全球治理过程中已发展成全球多层次行为体的互动平台，开始发挥日益重要的领导作用。其中，世界经济论坛的活动就具有这样的特点。例如，1971年成立的世界经济论坛，作为一个非政府组织，已成为全球各领域研讨当今全球问题的重要的非官方聚会场所。由于论坛的参与者囊括来自各界的精英，因此它既不同于由政府领导人组成的峰会，也不同于民间社会的集会，而是具有这两类行为体聚合在一起的特征。世界经济论坛的运作表明，在企业、政府、学术界、公民社会、科学界和媒体领导人中间推动前所未有的跨文化和跨领域思想进程，制定蓝图以引导全球治理的进程十分重要。论坛将自己定位为开展此类活动的全球最活跃的中心。为了推进这一思想进程，论坛积极开展了知识创造活动。通过共享问题定义、共寻解决方案并开展合作，论坛对全球治理已产生广泛的影响。联合国前秘书长科菲·安南（Kofi Atta Annan）的评价认为，"论坛将继续关注全球数十亿人正在经受的气候变化、跨国犯罪、冲突和长期极度贫困问题，并赢得广大民众对解决这些问题的支持"。

综上所述，全球治理作为当代国际互动的一种结构，体现了一种新型的国际关系。这种关系不同于传统的权力政治，因为参与互动的行为体主要不是为了谋求权力而互动。虽然参与其中的国家仍然是权力行为体，在对外互动中会使用权力手段（如军事手段），但权力要素在这种跨国合作应对全球问题的过程中并不是决定性因素。从这个意义上来讲，国际关系正在发生着根本性变化。行为体在全球治理中的合作所形成的结构，同作为权力体在互动中所形成的结构是并存的国际体系因素。由于当代的各种全球问题已居于日益重要的地位，参与全球治理已成为世界各国不能回避的选择，因此再用以往的权力政治观来解释国际关系就不再恰当了。事实上，仍然存在的传统权力政治关系已受到地位日益重要的全球治理因素的制约。这样的变化对于我们思考世界格局、大国关系以及解释各国对外政策都具有重要的启示意义。

第五节 全球治理的模式更新

客观形成的全球治理模式因各主体间的实力差异，在国际体系中扮演着不同的角色，形成传统治理、非传统治理和网络化治理三种类型。当前全球治理模式的变化主要体现在以下三方面。

一、主体多元

传统意义上的全球治理理论强调政府及非政府的"双重作用"，将非政府组织与公民社会等非国家行为体看作重要的治理主体。有学者提出："全球治理不仅意味着正式的制度和组织——国家机构、政府间合作等制定（或不制定）和维持管理世界秩序的规则和规范，而且意味着所有其他组织和团体——从跨国公司、跨国社会运动到众多的非政府组织都追求对跨国规则和权威体系产生影响。"① 值得注意的是，全球治理的成效往往建立在国内政策调整或国家利益出让、转移的基础上。但在此过程中，政府的权威性是不可替代的环节。非国家行为体在某些具体问题上的作用得到了国际社会的认可，但由于其政策执行力和资源掌控力的限制，在保障治理成效上无法发挥相较于政府的决定性作用。

---

① 戴维·赫尔德. 全球大变革：全球化时代的政治、经济和文化［M］. 北京：社会科学文献出版社，2001：70.

二、机制更新

治理主体的变化从根本上促使了治理机制的更新。新兴国家的参与使治理过程中对话与协商的模式更加合理，以新兴国家和发展中大国为主要参与者的全新机制也开始扮演重要角色。目前，传统意义上的全球治理机制的有效性与代表性受到质疑，其主体的构成比例、治理过程中的理念差异和治理的方式与手段也逐步成为改革的焦点。新兴国家与发达国家在议题设置上存在侧重点的差异，各方可以在逐步形成的全新治理体系中妥协平衡，相互尊重不同文明与发展阶段的事实，努力在治理理念中形成一致，这些都是有效治理的关键点。

三、手段创新

民族国家对外交往的发展推动了全球化，全球化的发展反过来削弱了民族国家的权力。苏珊·斯特兰奇（Susan Strange）指出："世界经济和市场已形成一个联系密切的整体，每个国家都处在经济全球化形成的整体结构中，它们的许多权力和控制力被分散和转移到了这个体系结构中。"[①] 全球治理的发展动力是民族国家共同解决问题的期待，同时则促使国家进行一部分的主权让渡。当前治理过程中，议题设定目的的不确定性使各国的收益预期无法明确，各国对全球性问题的广度与深度理解无法一致，出现主权让渡困境和普遍性权威缺失等一系列问题，对参与统一的制度性安排产生抵制或

---

① Susan Strange. The Retreat of the State——The Diffusion of Pour in the World Economy [M]. Cambridge：Cambridge University Press，1996：73-82.

疑虑心理，这些差异导致个体利益与公共利益无法交汇，从而很难真正实现所谓的合作性博弈。在此前提下，非制度性安排的对话与不具有强制性特征的合作成为当前治理手段更新的一大特点。例如，二十国集团（G20）就是一种非制度性的国际论坛，其成员国之间不存在任何国际法意义上的权利与义务关系，也并未建立任何常设机构或运作规则。而针对全球金融危机、气候变化等问题达成的协议多数不具有法律效应和强制约束力。此种暂时搁置争议，接触性合作的模式保证了各国进行对话与合作的延续性。

中国作为发展中国家中的重要一员，随着综合实力的提升，正努力尝试参与全球治理进程，为国际体系转型和全球性问题的解决提供更多的公共产品。在如何具体参与全球治理方面，有以下三点参考。

首先，责任的"主动性"与"被动性"。全球性问题的解决建立在不同社会制度国家的共同努力之上，需要世界各国主动承担相应的义务与责任。但是，部分西方国家始终无法抛弃其价值观和意识形态的桎梏，出于自身利益的需要并在尚未兑现相关承诺的情况下，试图让部分新兴国家被动承担与之能力不相符的"过度责任"，这在应对气候变化和减排问题上表现突出。这种做法不但无益于问题的解决，而且还会引发国家间更多的矛盾。应当警惕这种不负责任的举动，在一定的范围内主动承担与本国实力和能力相符合的国际责任。

其次，"主权"与"治权"的再平衡。全球治理理论从出现至今，始终建立在"没有政府的治理"这种假设或最终目标之上，认为"任何社会系统都应该也能够承担起那些政府没有能够管起来的职能"。换句话说，这就迫使国家在具体问题上对主权归属做出让步，让人遗憾的是，在国家主权弱化的过程中，并未建立一种公平、合理、有效的国际制度，甚至出现"制度失灵"的现象。在现有制度无法有效地解决全球性问题的情况下，这种"政府无用论"的推断是不恰当的，当今世界的相互依存关系依旧建立在国家之间，国家具备其他非国家行为体所没有的资源掌控力和政策执行力。各国在参与全球治理的同时，不应忽视国家主权的不可替代和不可侵犯性，并根据自身情况决定参与治理的广度与深度。

最后，协商性与原则性。任何一种治理方式都存在缺陷与风险，有效的全球治理必须以建立在公平合理原则上的协商一致为根本。全球性问题的新挑战使当前治理模式的缺陷更为凸显，各国在不同领域的分歧也势必随着力量对比的变化和国际体系的重构而激化。全球治理理论自出现以来，尚未形成系统的理论体系，在治理理念、机制和成效方面还存在不少分歧，在增加发展中国家的发言权，敦促发达国家兑现承诺等诉求上还未得到更深入的体现。因此，全球治理的理念和模式必须不断进行改良，以期探索解决全球性问题的根本路径。

第二章　当代中国与全球治理

第一节　中国参与全球治理的过程

20世纪90年代之后，全球治理理论开始在西方兴起，引起了国际社会的广泛关注。全球治理是西方学者对人类未来发展的思考，面对日益增多的全球性问题，西方理论家认为应当提倡在全球范围内对这些问题进行治理。中国作为全球具有重要影响力的国家，必然要对这一命题有所回应。从全人类的角度出发，中国提出了"和谐世界""人类命运共同体"的理念，这些理念蕴含了东方的智慧，进一步丰富和发展了全球治理理论。

1980年可以视为中国参与全球治理的起点，因为这一年世界上的两大国际金融机构——国际货币基金组织和世界银行分别恢复了中华人民共和国的合法席位。中国是国际货币基金组织和世界银行的创始国，但出于种种原因合法席位一直未能恢复。1980年4月17

日，国际货币基金组织恢复中华人民共和国合法席位。1980 年 9 月 13 日，世界银行恢复中华人民共和国合法席位。从 1980 年至今，中国参与全球治理的程度也在不断深化。

一、开始参与时期（1980 年至 1990 年）

伴随着改革开放的进程，中国明确了"以经济建设为中心"的发展战略。这一战略的确立对中国外交战略的调整产生了重大影响，使中国的外交战略开始淡化意识形态因素，开始重视经济利益。也正是在这种大背景下，中国对国际组织的态度趋于积极，开始积极参与国际事务。除了恢复世界银行、国际货币基金组织合法席位外，中国在 20 世纪 80 年代陆续加入世界知识产权组织等多个联合国专门机构，并为恢复关贸总协定的缔约国地位积极努力。

意识形态因素在中国外交中的影响力开始减弱，中国外交打开了新思路，在政治安全和人权等领域，中国的态度也发生着转变，开始参与联合国安理会应对有关热点问题，并开始参与联合国维和行动、联合国裁军谈判会议、联合国人权委员会等。中国成为联合国维和行动的一员。在 1981 年的第三十六届联合国大会上，中国对联合国维和行动在缓和国际紧张局势方面发挥的作用表示肯定；从 1982 年起，中国开始积极支持联合国维和行动，为联合国观察员部队和联合国驻黎巴嫩部队费用摊款；1982 年，中国当选为联合国经社理事会人权委员会成员，并于 1985 年再次当选；从 1982 年开始，中国每年派代表团参加该委员会的会议。1986 年，中国首次派考察组前往中东对联合国维和行动进行实地考察；1988 年 12 月，中国正式成为联合国维和行动特别委员会的成员。

二、全面参与时期（1991 年至 2001 年）

冷战结束后，各国相互依赖性加深，中国对参与国际事务和全球治理的态度也更加积极，进入了全面参与时期。20 世纪 90 年代初期，中国参与国际组织态度的转变与当时要打破西方国家对我国的封锁有关，一些别有用心的西方国家对我国进行外交上的孤立，而我们借助参与国际组织来粉碎一些国家的阴谋。这只是一方面，中国参与全球治理更为重要的一点是：中国必须依靠国际组织框架下的多边合作来解决或协助解决日益增多的跨国问题（如跨国犯罪、能源安全、环境、跨国金融风险、大规模杀伤性武器扩散、贸易保护主义、跨国疾病传染、地区安全等）。因此，无论是在地区层次上还是在全球层次上，中国都积极参与到全球治理的过程中来。中国先后参加了亚太经济合作组织（APEC）、亚欧会议等区域合作机制，并发起成立了上海合作组织、"10+1"合作等机制。2001 年中国加入世界贸易组织（WTO）。到世纪之交，中国加入了 130 多个国家和地区组织，参加了 300 多项多边条约。就国际组织的参与数量而言，中国已接近发达国家和世界其他大国的水平[①]。

三、深入参与时期（2002 年至今）

一是积极开展峰会外交。中国领导人出席了 APEC 峰会、亚欧峰会、G20 峰会等。二是发起或参与发起朝核问题六方会谈、金砖国家等机制。中国同非洲、拉美、中东等地区建立了多个经贸合作论坛。三是中国缴纳的联合国会费从 2003 年的 1.532% 上升到 2013

---

① 江忆恩．中国参与国际体制的若干思考［J］．世界经济与政治，1999（7）：5-11.

年的 5.148%，达 1.07 亿美元，排名第六，在发展中国家中排第一。四是中国是联合国维和行动第六大出资国和第十五大出兵国。自 1990 年以来，中国共派出 2 万余人参加联合国维和行动。从 2008 年起，中国连续派出海军护航编队赴亚丁湾参加打击索马里海盗行动。

这一时期，中国已不仅是参与全球治理的普通一员，而是在全球治理过程中发挥重要作用的一员。特别是 2008 年全球金融危机以后，以中国为代表的新兴大国话语权开始上升，它们要求对已有的规则进行修订，增加新兴国家投票权的比重。

第二节　中国参与全球治理的特点

中国作为一个正在崛起的大国，面对全球治理的迅速发展，必然会有自己的思考和回应。全球治理理念源于西方，由于各国在发展阶段、历史文化传统和国际地位的不同，中国在参与全球治理的过程中有自身的特点。

一、中国和西方国家对全球治理的理解不同

中国和西方国家对全球治理的理解不同，主要有以下三个方面原因。

第一，中国进入国际社会的时间较短，对许多领域的国际规则、机制都不是非常了解，需要有一个学习适应的过程。此外，中国的综合国力还不是很强，属于正在崛起中的国家。这种状态决定了中

国在处理国际事务时低调、谨慎的风格和希望依靠现有的国际制度处理全球公共问题的态度。

第二，中国作为一个发展中国家，经过艰苦卓绝的民族独立运动才获得了国家主权和民族独立，因此对主权有特殊情结。一般而言，发展中国家多是经过艰苦的民族独立斗争才取得国家独立，对国家主权非常珍视，将其视为民族独立的政治成果。另外，当今国际政治经济秩序的不公平现象进一步刺激发展中国家，使其意识到只有国家强大才能在国际社会获得认可和尊重，真正摆脱西方发达国家的控制。这都导致发展中国家对有可能削弱国家主权的全球治理的内容保持警惕。

第三，中国是一个社会主义国家，中国对自身在国际社会中属性的定义有强调特殊性的一面，例如中国共产党领导、中国特色社会主义道路、社会主义制度。东欧剧变、苏联解体后，社会主义阵营大大削弱，中国作为经济取得重要成就的社会主义国家，为其他社会主义国家的发展树立了榜样，同时也不能对西方国家针对社会主义国家开展的颠覆活动放松警惕，尤其是一些西方国家借全球治理之名干预他国内政。

很显然，上述因素使中国在参与全球治理的过程中，一方面感受到了全球治理的必然性和合理性，从而加深了对国际事务的参与力度，增强了与国际规则接轨的自觉性；另一方面则对西方国家借全球治理的名义干预他国内政保持警惕，对突破多边主义和现有国际体制在全球层面推动全球治理持谨慎的态度。由此决定了中国全球治理最大的特点：在国家层面参与全球治理。

二、中国参与全球治理的特点

中国参与全球治理有以下三个方面的特点。

（一）必须是针对全球性问题的治理

全球治理范围非常广泛，包括政治、经济、文化、社会等方方面面，而中国视野下的全球治理针对的是具体的全球性问题。主要表现为两方面。一方面，全球性问题是具有全球性、公共性的问题，比如生态、资源、环境、人口等问题既关系到全体人类的发展，又与每个个体息息相关，其最典型的特征就是公共性。全球性的问题必须通过全球层面的对话、协商、合作，进而建立有效的机制和制度加以解决，但也必须重视全球性问题在国家或地区层面的体现，重视国家或地区在治理全球性问题过程中的作用。全球性问题在具体国家或地区的表现不同，但由于这些具体国家或地区具有全球性和公共性特点，从而为全球治理提供了平台。一个国家借助国际社会力量治理本国存在的全球性问题是推动全球治理的一种方式。另一方面，全球性问题必须具有超意识形态性。全球问题的超意识形态性是指其存在的普及性、挑战的共同性、利益的相关性①。无论是社会主义国家还是资本主义国家，在全球性问题面前都是平等的，不会因是社会主义国家就存在，也不会因是资本主义国家就可以避免。全球性问题是全人类面对的威胁全人类甚至子孙后代利益的共同问题。全球性问题的这一特性有助于国际合作的达成，尤其是针对超意识形态性的问题的合作。简言之，中国的全球治理以全球性

---

① 蔡拓. 全球治理的中国视角与实践 [J]. 中国社会科学, 2004 (1)：100.

问题为导向。

（二）主要是国家层面的跨国合作

全球治理指的是多个行为主体在全球层面以对话、协商、合作的形式应对全球性问题，对人类公共事务进行管理，如跨国犯罪、环境保护、打击恐怖主义等，在全球治理的诸多领域中，中国已经参与其中并发挥着积极作用，但中国参与全球治理主要是以国家或政府的身份参与的，这就决定了中国参与的全球治理是在国家层面上进行的。

这里有两个需要探讨的问题：全球层面与国家层面的关系、跨国合作与国际合作的关系。在一个日益相互依赖的世界，人们不仅在全球层面对某些问题达成全球性的规范，以加强对人类公共事务的有效管理，维护全人类的共同利益，而且也会对虽然在一国之内存在但却有全球影响的问题进行治理。虽然这种治理活动是在国家层面，但却有全球性影响，因此也属于全球治理的范畴。例如，中国在环境保护、打击恐怖主义和预防金融危机方面，与国际社会存在广泛合作，既包括发达国家，又包括国际政府组织、全球公民社会等非政府组织。中国在以上领域取得的成就符合全人类的共同利益，也将推动全球治理的发展。因此，全球治理不仅包括全球层面的治理还包括国家层面的治理。关于跨国合作与国际合作，有学者认为："跨国合作是突破国家中心、国家主体的合作，它必须包括非国家行为体，特别是非政府组织。只有国家、国际政府间组织和全球公民社会三大主体共同参与的合作，才称其为跨国合作，同时也要满足国内层面的全球治理要求。如果仅有国家间或国家与政府间国际组织的合作，那只是传统的国际合作。"① 我们认为，传统的国际合作与跨国合作的区分不在于参与主体，而是由合作内容决定的。国际合作的内容是传统的国际问题，如两国间的边境纠纷，这类问题的影响范围有限，而跨国合作的内容是全球性的问题，像臭氧层保护、全球金融危机等具有全球影响的问题。换言之，传统的国际合作与跨国合作的区别是：跨国合作的内容是全球性问题。

（三）是新兴国家积极参与国际事务、提升国际影响力的途径

进入 21 世纪后，以金砖国家为代表的新兴经济体逐渐崛起，其经济保持了快速增长的势头。尤其是 2008 年金融危机以来，在西方国家经济普遍疲软的情况下，新兴国家尤其是金砖国家经济仍然保持稳定增长。据国际货币基金组织统计，2011 年发展中国家占全球GDP 的比重达到 52%，首次超过经合组织国家。新兴国家是目前全球发展动力最强劲的国家。随着实力的增强，新兴国家要求在国际社会有更多的话语权，而全球治理则为新兴国家积极参与议题设置和规则设定提供了平台。换言之，全球治理是新兴国家把自身实力转换为国际影响力的途径。以国际金融秩序改革为例，新兴国家通过参与国际金融秩序改革，提升了其在国际金融秩序中的地位和发言权。

---

① 蔡拓. 全球治理的中国视角与实践 [J]. 中国社会科学，2001（1）：100.

第三节 中国参与全球治理：角色与理念的选择

全球治理是全球化时代受人瞩目的一个流行概念，尤其是进入21世纪以来，全球治理理论越来越受到各国学者的重视。随着中国深入推进改革开放，与全球联系日益加强，全球影响力不断上升，对全球事务的参与度逐渐增强，中国对全球治理的兴趣也日渐浓厚。与国际上对"全球治理"存在不同看法、不同版本一样，中国学界及政界对这一概念的理解和应用也有很多不同。而且由于这一概念源自国外，这也使中国更多了几分警惕和矛盾。一方面，感受到全球治理的必然性、合理性，从而加大了参与国际事务与国际规则接轨的自觉性与力度；另一方面，对西方发达国家强调和关注的非领土政治、全球公民社会等持保留意见。中国对突破联合国和多边主义框架，由全球公民社会倡导和推动的全球层面及跨国层面的活动和新机制持慎重态度。但总体来看，中国学界和政界对全球治理的探讨及应用有一个由冷到热的过程，逐渐变得更加积极，而且也与中国负责任大国的责任、地位和作用联系了起来。

一、中国的全球治理战略选择

（一）需要考虑的基本要素

作为一个正在崛起的发展中大国，无论对中国来说还是对全球治理来说，中国的参与都具有重要的影响。中国对全球治理的参与需要充分考虑全球治理自身体现的基本要素和各方面特征。

中国的全球治理应该考虑三个方面的相关因素。其一是中国要素。首先应该基于与中国密切相关的利益考虑与价值考虑，基于对与中国密切相关的治理问题的解决，形成中国全球治理观的核心。其二是全球要素。既然讨论的是中国对世界和全球问题解决的参与，中国的全球治理战略选择应该体现中国对全球重大问题和人类共同利益、共同命运的考虑，既关注全球问题对中国问题的影响，也关注中国问题对全球问题的影响。其三是治理要素。既然是中国对全球治理的参与，就应该考虑全球治理所具有的基本特征和基本要素，包括对制度层面、责任层面、价值原则层面和国际法层面的思考，包括对不同行为体在全球治理体系中地位与作用，以及与全球治理体系中不同行为体关系的定位。基于这三方面要素考虑，一些问题是中国全球治理战略选择应该且必须回答的，诸如，中国如何切实推进全球问题的解决，如何应对与中国密切相关的全球性共同挑战和威胁，如何促进全球治理机制的创新、完善与改革，如何开展与不同行为体之间的广泛合作，如何处理国家主权与超主权性质的全球原则、规范和法律之关系等。中国的战略选择和角色定位与中国自身的发展战略和对外战略密切相关，同时也关系到其他国家对未来中国全球角色的定位。因此，如何表述中国的全球观、治理观，显然是中国无法回避的一个问题。

（二）充分认识全球治理的局限性、矛盾性与多元性

理论和实践对全球治理的解释、理解和实施都有不同的版本。

除了学者所持有的不同学术观点外，不同国家也采取了不同的立场和态度。全球治理是有条件的，同时也具有自身的局限性和缺陷。中国在选择和定位自己全球治理观和全球治理战略时，要充分认识到这一点。作为一种批判性吸收逻辑的自然延伸，国内学者在引入全球治理理论的同时，也大多谈及其缺陷。从以下五点中，可以看出中国学者对全球治理缺陷和局限的认识。

集体行动的逻辑。既然全球治理涉及全球共同问题、集体利益、集体行动，乃至共同价值原则和规范，那么其中的冲突和困境就不言而喻了。例如，刘雪莲在其《理念还是现实——论全球治理中的矛盾性》一文中指出，"利益的依存性和危机的共同性要求人们必须逐步形成全人类的价值认同与凝聚力，逐步确立全球意识和全人类利益优先的原则，以超越国界的全球视角和全球合作去应对这一严重挑战"，然而现实却是，"事实上国家利益和全球利益的对立和冲突时常发生，因为各国在'全球利益'的名义下，追求的仍然是自己的国家利益"①。因此全球治理很难逃脱"全球治理中的猎鹿困境"②。当然，也有一些学者在以"全球治理面临的挑战或者困境"为研究对象的分析中，添上了国家主权的流散造成国家对于全球治理的抵制这一记述。

规范性稀缺。由于全球治理涉及全球不同行为体，超越了国家主权范围，也超越了单一国家行为体，不同行为体在价值认同、利益认同上存在冲突，各行为体之间缺乏协调，包括民众对主权的普

---

① 刘雪莲. 理念还是现实——论全球治理中的矛盾性 [J]. 吉林大学社会科学学报，2008（4）：85-90.
② 潘亚玲. 全球治理中的猎鹿困境 [J]. 国际论坛，2005（2）：55-61.

遍认可，各功能领域协调不足，全球公民社会发育不成熟等。"当今世界还不能称之为一个真正的世界社会，那么作为世界社会的规范，其缺失也成为一种必然。"① 在这种情况下，在全球范围内，很难实施真正有效的治理，通常情况是"全球治理因缺少全球协调、管理、制裁的机制而降低了其效用"。

规则与理念的滞后。学界的研究关注到了全球治理在规则和理念方面的滞后。国际关系学者秦亚青指出，国际规则体系不能有效实现治理就会导致世界出现秩序失调的治理失灵现象。全球治理失灵在实践层面表现为规则滞后，不能反映权力和威胁的变化，不能应对复杂的相互依存关系。在理念层面上表现为理念滞后，依然以一元主义治理观、工具理性主义和二元对立思维方式为主导。

全球领导的缺失。国内外很多研究指出了全球治理领导缺失的问题。中国学者也在他们的研究中认同了全球领导缺失对全球治理带来的影响。如庞中英、何帆等指出，美国领导世界的能力相对下降，其他大国既无力弥补美国的领导缺失，也建立不起一个新集体领导结构，现有的国际组织也不能为国际社会提供强有力的领导。国际政治领导的"青黄不接"可能是导致当前全球治理领域诸多问题的首要因素②。

深度治理制度的缺失。张胜军认为，当今世界治理体系面临的挑战几乎全部来自国界后的治理紊乱，而当前的全球治理机制绝大多数属于外部或替代治理机制，能够深入国家内部监管的深度治理

---

① 林永亮. 全球治理的规范缺失与规范建构 [J]. 世界经济与政治论坛，2011（1）：36.

② 何帆，冯维江，徐进. 全球治理面临的挑战及中国的对策 [J]. 世界经济与政治，2013（4）：23.

制度却几乎是空白①。

总之，在目前全球条件下，全球治理为解决全球问题、应对全球性挑战和威胁，提出了一种综合性的应对理论和方案，其灵活性、开放性、多元性、包容性特征使这一概念在理论和实践上都具有极大的吸引力。但与此同时，全球治理也是有条件的，存在多方面的缺陷和局限性。人们对"全球治理"赋予了不同的理解、解释和期待，并在实践上从不同方向推动着全球治理的进程和结果。不同时期、不同领域的治理也可能呈现出不同的模式：在一些地区、一些问题领域，可能超国家组织扮演着重要的治理角色，更具超主权特征。在另一些地区、另一些问题领域，可能是大国集团扮演着重要的角色，是大国主导的治理。因此，中国的全球治理观和治理战略应该充分认识到这一点。在合适的条件下，就合适的问题领域，与合适的行为体开展切实可行的全球治理制度建设与能力建设，寻找最佳的治理方案和模式。

二、合理定位中国在全球治理中的角色

没有中国参与的全球治理显然是不完整的。作为一个拥有 14 亿人口的大国（注：第七次人口普查结果），随着中国改革开放的推进，中国加入全球治理的潮流乃是顺理成章的事情。但中国由于自身国力有限，并具有自己特殊的政治、经济和社会文化背景，参与全球治理需要加以辨别，慎重而为。中国学界也对中国在全球治理中的角色定位表达了不同的看法。一些观点认为，中国的参与是被

---

① 张胜军. 全球深度治理的目标与前景 [J]. 世界经济与政治，2013（4）：55-75.

动的，"经济的对外依存度增高迫使我国政府接受全球治理"①。也有观点认为，中国应该以发展中国家的身份作为自己的角色属性，"在参与全球治理的过程中，一个至关重要的原则性问题是中国必须明确自己的身份定位，坚守自身发展中国家的属性，坚定地与广大发展中国家站在一起"②。或将中国的参与动机定位在追求合作的最大化上，"是合作最大化而不是利益最大化更能表达中国在全球治理中的行为动机"③。总之，在中国自身尚存在定位不明这一问题时，针对中国的特殊状况，对中国在全球治理中的特殊责任予以阐述，便成为当务之急。至于中国在全球治理中应当扮演何种角色、起到何种作用、处于何种地位，人们的看法和预期是不同的。

主张慎重、低调观点者认为，中国目前的作用是一种不冒头的消极作用，或是主张中国应该对全球治理采取慎重、不冒头的态度。蔡拓认为，中国对全球治理的理解受到一些制约，首先就是，中国"只是其中的一个大国，这种状况就决定了中国在国际事务中谨慎、低调、不出头的风格，并且更希望也更习惯于在现有的国际组织和多边主义的体制与框架中处理人类公共事务"。"对中国来说，在参与全球治理的过程中必须兼顾本国利益与国际利益，统筹好国际和国内两个大局，妥善处理好自己发展与国际社会共同发展之间的关系"④。

主张积极参与者认为，中国应当在全球治理中积极承担责任，

① 王越乙. 关于中国融入全球治理的思考 [J]. 理论观察，2010 (2)：65-66.
② 王传剑. 全球治理新观察与中国角色再思考 [J]. 当代世界，2010 (11)：11-13.
③ 苏长和. 中国与全球治理——进程、行为、结构与知识 [J]. 国际政治研究，2011 (11)：35.
④ 王传剑. 全球治理新观察与中国角色再思考 [J]. 当代世界，2010 (11)：11-13.

主动地参与到全球治理中，这既是对国际社会尤其是广大发展中国家的贡献，也是为中国崛起创造更好的环境。有作者借用"国际主义"来表达这种看法，"尽管全球化使各国民族主义上扬，甚至带来国际政治的资本化，给中国与第三世界国家关系带来新的挑战，但国际主义未可全盘抛弃，只是在新的时代条件下其作用的形式和内容发生了变化"①。而张劲松认为，"面对全球治理，我们的政府无须恐惧，我们完全有能力应对全球治理所带来的挑战，我国政府的荣耀在于参与全球治理，并为全球治理的规则贡献自己的力量"②。这些观点显然属于与前一种观点截然相反的积极派。

主张区别对待者认为，中国应以不同的原则应对不同类别的全球治理机制。中国应以"权责一致"原则应对现有治理体制和规则的改革，以"包容利益"原则应对演进中的治理机制，以"有区别的共同责任"原则应对未来的治理机制③。

应该说，不管是积极还是消极，参与全球治理的必然性这个大方向始终未有改变。既然全球治理涉及众多问题领域，涉及不同层面，也涉及不同行为体之间的合作关系，因此，虽然大国的地位和影响力举足轻重，但我们很难定义某一国家在全球治理中的地位或作用。对中国来说也是如此。中国作为一个大国，应该如何参与全球治理，在全球治理中的角色和地位如何，这种定位关系到中国参与全球治理的政策选择。如国内讨论所涉及的，中国显然会考虑诸

---

① 李兴. 论全球治理与中国外交新思维 [J]. 毛泽东邓小平理论研究，2006（1）：55-57.

② 张劲松. 论全球治理时代我国政府的责任 [J]. 社会科学战线，2008（8）：158-164.

③ 何帆，冯维江，徐进. 全球治理机制面临的挑战及中国的对策 [J]. 世界经济与政治，2013（4）：39.

如"领导"或"被领导","治理"或"被治理","主动"或"被动","消极"或"积极"等问题。但很难用一种角色、一种地位来定位中国的参与。一方面，中国在全球安全治理中肯定可以发挥积极、重要的作用，甚至决定性的作用；另一方面，作为全球治理的相关方，与中国相关的问题被置于全球治理议程上，不应将"治理"与"被治理"，或"领导"与"被领导"绝对对立起来。一些国家、组织或集团在某些问题领域的治理中可能发挥更大的作用，更积极主动，但这些国家不一定在所有领域、所有层面的治理中都能充当领导者。大国的作用显然很大，但一些中小国家，或民间组织、非政府组织等，也可在某些治理层面、某些问题领域发挥更重要的作用。

虽然中国对全球治理的看法和中国自身的角色定位还不是很明确，但从中国具有的若干身份和地位特征看，中国应该在全球治理中发挥积极的作用。这些身份和地位特征包括迅速崛起的大国、发展中大国、负责任大国、联合国安理会常任理事国等。因此，中国应该有积极的全球观和全球治理战略，承担自己应该承担的国际责任和义务，在国家、地区、全球层面，以与中国密切相关问题的治理为重点，同时也选择能够且应该发挥作用的全球问题领域，与不同治理伙伴开展积极、广泛的合作，推动全球治理机制的创新与变革，促成全球问题的有效解决，实现利益的共同提升。

三、重视发展与不同行为体之间的合作关系

从治理特性看，无论是全球层面还是地区层面，或者更微观层面的治理，良好的治理效果需要各方面的参与。全球问题及地区问

题的治理，不等于自上而下的包办，如果想有效地解决问题，与相关不同行为体之间的沟通、协调、协作必不可少。无论是区域治理还是全球治理，都应体现相关合作伙伴的参与。正因为全球治理摆脱了单一民族国家治理的模式，在引入其他主体的过程中拓宽了治理的内涵和外延，才使得全球治理这一概念具有更大的开放性和包容性，成为其吸引力所在。中国应该依据不同的治理问题和领域，与不同的治理伙伴开展多种形式的合作。既重视与大国的关系，也重视与其他不同类型国家和国家集团的关系，重视与国际组织、区域组织及非政府组织和民间社会组织之间的关系。

例如，可持续发展问题是一项庞大的工程，涉及社会发展、生态环境保护等方方面面的利益关系，包括各级政府、企业、司法部门、民间团体及公众，也涉及省与省、市与市、村与村之间的关系。因此，除了加强政府和行政司法部门的监管、执行以及强化企业的社会责任外，也应该重视民间环保组织、社区、媒体、个人的参与和监督作用，调动不同的资源，建立健全多层次治理机制。可持续发展目标的实现需要政府、企业及公众在多层面治理机制中发挥相互监督和相互促进的作用，以达到共同提升的目的。跨国河流水域的生态环境治理、水资源治理、传染性疾病的预防与治理等，都需要各个方面的参与、合作，并非仅仅是政府方面自上而下的主导。

中国对非政府行为体参与的重视有两个方面的含义，其一是重视发展与全球非政府行为体的合作关系，其二是提升中国非政府行为体的全球参与能力和影响力。相比之下，中国的全球治理参与缺少与一些边缘化行为体的互动，包括与次区域组织、国际非政府组织、民间社会组织的互动。一方面，中国应该构建好自己的全球治理网络，提升中国各不同行为体的治理参与能力，建立和完善中国的多行为体参与机制；另一方面，应鼓励中国企业、民间社会组织、慈善机构、志愿者参与全球治理制度和规范的建设，参与适合自己的问题领域的区域治理和全球治理，与其他国家政府、国际组织等相关行为体形成良性互动的治理伙伴关系。

第三章　文化育人视域下全球治理人才培养

第一节　德育过程视角下的文化自信培育

从近代学者提出的"文化自觉"到党的十八大以来提出的"文化自信",对大学生文化意识和感情的培养逐渐成了高校思想政治教育的重要内容。从德育"知情意行"视角来看,"自觉"偏重于知识情感,而"自信"则是将要求提升到了长期意志和实践上。然而,目前高校文化自信的培养存在三个问题,在知识教育上缺少古今之间的联系,在培育模式上情感教育不持久、不全面、不多元,以及实践体较少。根据这些问题,我们可以尝试将文化自信培育与当代的"四史"教育、校史文化教育结合,利用文史结合的方式打通"由知到情"的过程;通过校园文化和活动等形成长期教育;最后利用实践平台之间的整合,让文化自信真正落实到学生的学习和生活中去。

近代以来，以费孝通先生为代表的中国学者提出了"文化自觉"观，呼吁国人要在文化融合的全球化过程中秉持本国的民族精神和秉性。党的十八大以来，习近平总书记多次强调道路自信、理论自信、制度自信，说到底是要坚持第四个自信——文化自信，因为文化自信是更基本、更深沉、更持久的力量①。从"自觉"到"自信"的转变，对加强思想政治教育工作提出了新的课题和要求，在培养全球治理人才的要求下，高校思想政治工作不仅要重视当代大学生对于中国本土文化和民族精神的认识，即"自觉"，更需要在此基础上建立认同感，即"自信"，真正打好在世界舞台上讲好中国故事的思想基础。

一、文化自觉与文化自信的含义及关系

培育文化自觉就是培养学生对文化的反思、反省和审视的能力，更多的是一种知识性教育，当代高校需要考虑的是在文化自觉的基础上培养文化自信，这首先要求我们理解两者之间的关系，自觉是自信的基础和准备，而自信又促进自觉的深化。

（一）文化自信的含义

在理解自信前，我们必须明确"文化"的应有之义：在庆祝中国共产党成立 95 周年大会上，习近平总书记提出，"在 5000 多年文明发展中孕育的中华优秀传统文化，在党和人民伟大斗争中孕育的革命文化和社会主义先进文化，积淀着中华民族最深层的精神追求，代表着中华民族独特的精神标识"。所以，值得自信的"文化"必

---

① 习近平在中国共产党第十九次全国代表大会上的报告［N］. 人民日报，2017-10-28.

须是一种丰富多元、积极向上的历史积淀，其中不仅包含优秀传统文化，同时也包含马克思主义中国化的最新理论成果等时代产物。

"自信"从心理学上来说是描述人的一种自然的心境，即人在利用已有的经验去把握未知环境的一种积极心理过程，那么"文化自信"从字面意义上来理解就是在多元文化的环境中，个人对于原有文化的肯定及处理文化差异的从容。沈壮海教授提出："（文化自信）体现为观察、思考和推动文化发展进程中对于优秀传统的礼敬、直面世界的从容、开创未来的坚毅。"① 所以文化自信可以分三个层次去理解：第一，文化自信的基础是理解和认识本国文化，并且对其产生认可和崇敬，形成认知基础；第二，文化自信需要理性思考，要在认识"我"的过程中了解世界文化格局和本国文化的优缺点，在复杂的文化背景中坚持自己，不盲目自大，这是文化知识到理性情感的转化；第三，自信必须落实到提升中国文化和精神的影响力上去，这就是习近平总书记所说的："讲好中国特色社会主义的故事，讲好中国梦的故事，讲好中国人的故事，讲好中华优秀文化的故事，讲好中国和平发展的故事。"（2016 年 2 月 19 日，习近平在党的新闻舆论工作座谈会上的讲话）即将自信的情感表达出来，成为社会实践。

（二）文化自觉与文化自信的关系

1998 年，费孝通先生对北京大学提出培养一代有"文化自觉"学者的要求，有文化自觉的人即"生活在既定文化中的人，对其文化有'自知之明'，明白它的来历、形成过程、所具有的特色和发展

---

① 沈壮海．论文化自信［M］．武汉：湖北人民出版社，2019：3.

方向"，当时中国正处于融入全球化发展的初期，所以"文化自觉"论可以说是时代的呼声，也是中国在走向国际化前的必要准备。在新时代，这种文化自觉不仅不能褪色，而且还必须成为当代青年建立文化自信的基础。

首先，文化自觉是文化自信的初级阶段和必经过程，文化自信的基础是认识本国文化，即费老所说的"自知之明"，有了自知之明是为了在适应新环境的过程中掌握主动权和树立自主地位，这也就是说只有站稳了主体地位，才能正确认识和运用全球文化，扎根中国大地，才能讲好中国故事。"自觉"和"自信"其实也代表着"知""情""意"的三个阶段，"自觉"是文化知识积累，"自信"是将这种知识内化为感情和信念，作为做人处事的秉性和作风，两者是思想政治教育的前后过程，所以自觉是自信养成的必经之路。

其次，文化自觉需要向文化自信转化，在立德树人的过程中，思政工作者的最终目标是正向引导学生提高道德素质和行为表现，所以单纯的知识堆砌是不足以形成文化自信的，必须尝试引导由知到情、由情到意、由意到行的转变。

最后，文化自信和文化自觉是有机统一的。费老曾说，"我希望21 世纪的高等学校能培养出能够理解和研究人文世界的人才"① 来为中国人民服务，而当代我们则是将文化自信作为中国民族文化复兴的动力源泉，所以"文化自信"其实是赋予了"文化自觉"以新时代的色彩，体现了我们实现中华民族伟大复兴的决心和信心。

---

① 费孝通. 文化与文化自觉 ［M］. 北京：群言出版社，2018：216.

（三）文化自信与思想政治教育的关系

文化自信的基础是知识，但其发展转化的背后需要价值观的支撑，即"文化的核心是价值观，所以文化自信实则就是价值观自信"①。因此，高校思想政治教育必须将以强化大学生的文化自信为己任，充分认识到文化与思政教育是相互融合的，思想政治教育工作者必须调动和整合资源，让大学生在进行思想政治学习的过程中培养文化自信，在学习文化的过程中树立社会主义核心价值观，培养对于优秀文化的认同感。

二、高校文化自信教育可能存在的问题

目前高校在文化自信、价值观认同培育上依然存在不足，2017年一项涵盖了专科、本科、研究生三个层面在校大学生的研究显示，"大学生对中华文化有一定的自信，但自信心不足""有很大比例的大学生对中华民族文化价值认知不深"和"民族文化认同度不高"②。由此我们可以发现，目前高校培育文化自信存在问题的原因可能在于知识教育的不到位和情感共鸣的缺失。

（一）古今知识的分离

"以文化人"的起点是"文"，即知识性的内容教育，但事实上，"文"在育化人的过程中归根结底是要培养价值观的认同，所以高校进行中国传统文化教育固然重要，但是要将文化自觉培养为文

---

① 沈壮海. 论文化自信［M］. 武汉：湖北人民出版社，2019：91.
② 刘如意. 大学生文化自信的现状及成因［J］. 北方文学，2017（15）：195-197.

化自信需要辅以价值观认同，形成"以文化人"和"以德育人"的统一。目前高校在文化教育的过程中，十分重视古代传统文化教育，例如，开设《论语》选读、古代传统礼仪教育等选修课，这类课程偏重于古代文化本身的内容，缺乏一定的古今联系。"文化自信不是对传统文化的固守，我们所要培育的文化自信本质上是对中国特色社会主义文化的自信"①，所以文化自信的培育需要切合当代社会，将传统文化教育赋予新时代的含义，将优秀传统文化以新的方式来解释和诠释，在培养对于传统文化的积极正面的情感过程中接受传统文化所具有的现代含义和价值，形成线性的认同，增强学生的历史使命感。

（二）培育形式的一维性

"文化自信"的培育重在将其化为生活方式，生活可以被认为是"行"，那么从突然的情感流露到形成长久的意志信念就需要重复、多元、全面的情感强化来形成。目前许多高校的"文化育人"已经开始了从"知"向"情"的转化，例如：高校在学生隔离期间组织观看防疫宣传片，组织学生讨论新冠肺炎疫情防控与国家制度的优越性，外语类高校开展"以译战'疫'""战'疫'"主题的特色党课等活动，这类活动已经把"情感共鸣"作为文化教育和制度教育深入人心的载体。然而，我们需要思考的不仅仅是间断性情感刺激，而是怎样将情感流露强化为意志信念，真正内化为自然而然的价值选择。苏联教育家赞可夫曾说："教学法一旦触及学生的情绪和

———————

① 卢雷，袁久红. 论高校思想政治教育中的文化自信培育 [J]. 思想理论教育导刊，2017（1）：142-146.

意志领域，触及学生的精神需要，这种教学方法就能发挥高度有效的作用。"所以教育形式不但要动情，还要不断探索新的渠道和载体去将萌发的"情"给予强化和认可，通过多元性和长期性的方式来培育学生对于中国特色社会主义的制度自信和价值观认可。

（三）实践载体的缺乏

"文"是学习的基础和初级阶段，而"礼"就是将道德以实践的形式呈现出来。实践的意义一方面在于表达自己的意志，另一方面在于情感的强化，所以文化自信的培养必须借助一定的实践载体和平台。以高校的思想政治理论课为例，目前，传统文化教育、核心价值观教育大多以单项灌输为主，较少给学生机会进行输出，即使是输出也是以文字、语言等形式进行反馈，较少会让学生走出课堂进行调研，或者采用艺术教育的形式让学生结合自身专业去进行创作，这一定程度上就反向消解了学生在情感共鸣过程中所产生的意志信念，或者让这种文化自信单纯地停留在感情意志阶段，无法向实践转化。

三、培养大学生文化自觉向文化自信转化的途径探析

培养大学生文化自觉向文化自信转化，实际就是要在知情意行的每个阶段都整合资源，形成教育合力，打通每个阶段之间的壁垒，让文化自信落到实处，让学生对优秀传统文化和社会主义先进文化能学、能懂、能做。

（一）文史结合，探索"四史"教育与文化自信的结合点

以古鉴今、文史结合育人，重视从过去的优秀文化传统中寻找

前进的力量，这是我们党的优良传统。近年来，开展"四史"教育实际上就是我们党加强思想理论建设，提升青少年文化自信和制度自信，增强高校思政工作成效的有效途径。文化与历史历来是不分家的，在知识教育上两者互相渗透，互为补充，不可分割。文化自觉强调的是"知"，即增长学生对于中华优秀传统文化的认知，培养学生对于社会主义先进文化的了解和认同，单纯、直线地灌输教育显得较为单薄和枯燥，辅以历史的脉络能够培养学生对于社会主义发展的线性认识，培养大局观和历史感，同时在"四史"教育的过程中强调红色基因、强调爱国主义则是让知识性的教育染上了情感色彩，有助于培养学生的民族自豪感。文史结合的教育模式能够让学生更为全面地理解和了解中国传统文化，在形成文化自觉的过程中萌发爱国情感，促进文化自觉向文化自信转化。

此外，校史教育可以成为"四史"教育外的第五史，校史包含着学校发展历程中的治学理念、办学特色和人文精神，是承前启后、学社连接的重要载体。校史教育有诸多独特优势：第一，校史教育更贴近学生的生活，特别对于新生而言，是建立其对于大学精神崇敬的极佳机会；第二，校史教育可以长期化进行，校史馆参观、校史讲座的资源更易得，教育渠道也更加畅通；第三，校史教育可以进行实践转化，例如校史的宣传工作、挖掘学校的红色基因等都是情感向实践转化的课题。

（二）寓教于乐，融合多种文化教育形式

高校的文化自信培养需要探索"非正式"的途径和形式，以形成集体熏陶培养，让学生在课上能"学""悟"，课下有"感"

"动"，这就要求高校鼓励学生举办多元丰富的文化活动，从而将文化渗透到学生的生活中，融入到校园文化中。渠道和形式的创新我们也可以从两个方面寻求力量：自上而下来说，学校可以结合"四史"教育、"爱国主义"等主题举办演讲比赛、艺术节、创意节等，组织各类娱乐与教育结合的教育活动；自下而上来说，可以鼓励学生结合自身专业，举办校园竞赛，组织社团，特别对于外语外贸类高校而言更是可以结合自身语言的专业优势，举办外语诗创作、外语演讲比赛、原创歌曲大赛等特色校园活动，创新探索外语学习和中国传统文化、社会主义思想的结合点，抓住课堂外的教育机会。

将中国文化渗透到校园氛围中，有助于潜移默化地让学生感受文化，树立正确的文化观念，将感悟变成自然的价值选择，这种活泼生动的思想政治教育方式可以很好地成为传统课堂教育的补充，给文化自信培育带来"后劲"，拓宽思政教育的影响力和影响范围。

（三）从意到行，打通各类社会实践平台

加强社会实践是文化自信培育的落脚点，也是最终目的，更是不断深化学生对于社会主义核心价值观、社会主义文化和制度认同的重要途径，"行"作为"知情意"的最终目的，同时也深化了知情意，形成德育的良性循环。那么高校在培育文化自信的过程中，归根结底就是要打通"情"到"行"的壁垒，并在此基础上突破不同社会实践平台之间的障碍。

首先，我们需要注意到思政课堂的任务可以转化为社会实践。高校的思政课总是被冠以"又红又专"的名号，思政课在立德树人中的主体、主渠道地位不可撼动，所以从单向的灌输向实践转化需要思政课"开头"去鼓励学生走出校园到红色景点做考察、调研，借此机会让学生去感受社会上的红色力量，在实地探访的过程中认识"四史"，认识中国先进文化。

其次，在"课程思政"的大背景下，带有价值引领的专业课也可以形成社会实践的课题。"课程思政"倡导全员、全程、全课程的育人格局，即鼓励专业类课程与思想政治理论课同向同行，形成协同效应，那么从这个角度看，在实践活动的转化上也应两相呼应。以外语外贸类高校为例，语言专业课其实是一种以中国的方式教授外国语言文化知识的课程，那么在教授过程中也可以鼓励学生实地探访一些中国外交的历史景点。在实践过程中，我们要鼓励学生将思政与专业联系，探索真正"红"与"专"的结合点。

最后，学校需要为学生的实践成果转化提供良好的平台，鼓励学生将实践成果做足、做细、做实。通过一些平时的课程实践累积，学生掌握了一定的实践技能，同时也形成了较为成熟的文化自觉，那么在此基础上学校就需要通过更好的平台建设和资源配置让学生表达"文化自信"。具体而言，就是鼓励学生将一些短期性、考察性的实践项目转化为长期性、科研型的课题，并且打通"大创""互联网+""暑期社会实践"等多个平台。另外，学校在实践转化上要做好引导，鼓励和引导学生在学习和生活中发现"思政元素"，强化学生的价值认同和文化自信。

以上三点不是割裂的，是有机组合和相互融合的，思政课是主渠道，同时也是把学生从"知"带到"情"的抓手，专业课程作为学生所热爱的专业，可以成为"情"到"意"的推手，那么社会实践活动的举办就是为学生提供了"行"的平台，三者缺一不可，形成了贯穿学生生活学习的教育合力。

总体而言，文化自信是国家和民族前进的精神动力，也是高校思政工作的重要内容。培养文化自信从德育过程而言依然要将强化"文化自觉"作为情感基础，进而融合和探索校园各类文化和实践资源，从而将正式的课堂与非正式渠道结合，促进文化自信培养的实效性。

第二节　中华优秀传统文化在全球治理人才培养中的育人功能

随着我国综合实力的不断增强，国际合作与竞争日渐深入，国家对于高水平国际治理人才的需求也更加迫切。国际治理人才的培养不仅要有国际视野，更要具备家国情怀。高校作为国家高级人才的培养机构，应充分开发利用好中华优秀传统文化这一民族的精神财富，坚定围绕"立德树人"的根本任务，明确育人主体、丰富育人资源、开拓育人平台和创新育人方法，通过对中华优秀传统文化进行创造性转化与创新性发展，实现以文化人、以文育人，增强人文素养，坚定文化自信，提高文化创新能力，培养出国际治理人才，为世界提供"中国智慧"和"中国方案"。

各个国家的实力竞争，归根结底是人才的比拼。党和国家非常重视国际治理人才的培养，需要更多的中国面孔走到世界舞台的中央，代表中国发声、讲好中国故事、传播中华文化、贡献中国智慧。

而要实现这个目标，就必须利用好中华五千年文明的精神文化资源，在人才培养中充分发挥中华优秀传统文化的育人作用，为国际治理人才培养提供不可或缺的智慧支撑。

一、中华优秀传统文化的内涵特性与国际治理人才的素质需求是内在统一的

（一）中华文化兼容并包的价值理念为国际治理提供重要的思想源泉

在世界百年未有之大变局的背景下，单边主义和逆全球化的思潮不断涌动，旧的国际治理体系面临重大挑战。2017 年 12 月，习近平总书记在中国共产党与世界政党高层对话会上提出，"我们要努力建设一个远离封闭，开放包容的世界。中国有句古话：'万物并育而不相害，道并行而不相悖。'文明的繁盛、人类的进步，离不开求同存异、开放包容，离不开文明交流、互学互鉴"。其思想源于中华优秀传统文化中"和而不同，兼容并包"的价值理念。中国作为负责任的大国，在国际治理中不断提出构建"人类命运共同体"思想、"一带一路"倡议、"共商、共建、共享"理念等，充分体现出了中华文明兼容并包的文化属性。中华优秀传统文化的精神内涵与国际治理人才的培养目标具有高度一致性，它为营造公正合理的国际治理秩序提供了丰富的思想源泉。

（二）国际治理人才培养具有特殊性，但也适用于普遍性的文化育人原则

国际治理人才需要具备全球视野、通晓国际规则、熟练运用外

语、精通中外沟通和谈判等国际化工作专业技能，因此，其在培养机制上存在特殊性，需要熟悉掌握国际政治、经济、法律和管理等知识，知识结构上要复合式、跨学科进行培养。但是，国际治理人才的培养仍然是人的培养，其必然符合教育的一般规律，归根结底不可能脱离"立德树人"这一中心任务，也一定适用文化育人的基本逻辑。2018 年 9 月，习近平总书记在全国教育大会上强调："要全面加强和改进学校美育，坚持以美育人、以文化人，提高学生审美和人文素养。"中华优秀传统文化十分重视君子美德品行和人格修养的锤炼，国际治理人才的培养中也应当重视发挥文化育人的效用。"以文化人"在教学和实践中不仅仅是对中华优秀传统文化中历史和知识的学习掌握，更重要的是通过文化对人潜移默化地滋润，提升自身的文化素养水平，提升思想境界，并内化形成健康的道德情操，以及坚忍的意志品格，最终成就"家国天下"的人生格局。

二、中华优秀传统文化对于国际治理人才的培养具有重要意义

（一）有利于培育家国情怀，实现文化的价值引领

高校的人才培养主要包括"育德"和"育才"两个方面，而且德为才先，人无德不立。在国际治理人才的培养中，在国家高度重视的背景下，通过优质专业学科资源的大量注入，"育才"的目标已相对实现。但"育德"是做人的工作，在文化育人的语境下，它实际上是要解决人思想意识里"根"的问题。绵延不绝的中华文化就是中国人生生不息的根基，在当下多元社会观念的冲击下，中华优秀传统文化教育的缺失会导致学生缺乏国家和民族认同感，从而出

现个人主义、拜金主义等不良价值观。特别是在外语类高校中，由于外语学科的特点，学生在学习外国语言和文化的过程中不自觉地会遭受西方文化价值观的渗透，如果不加强民族传统文化的教育，学生就容易失去对中华文化的认同，成为"外黄内白"的"香蕉人"或"双标人"。中华优秀传统文化是高校"育德"的重要利器，通过将中华优秀传统文化融入国际治理人才教育教学中，可以促进学生习悟价值理念、道德规范、公共意识、君子品格和人文修养，在"根"上深深地打上中国的烙印，有利于涵养浓厚的家国情怀，从而培养出根植祖国大地、放眼世界的国际治理人才。

（二）有利于增强文化自信，促进中华文化走向世界

文化是一个国家、一个民族的灵魂，文化兴则国运兴，文化强则民族强。没有高度的文化自信，没有文化的繁荣兴盛，就没有中华民族的伟大复兴。文化自信是一个国家、一个民族发展中更基本、更深沉、更持久的力量。国家影响力的增强，民族的伟大复兴，都无法脱离传统文化的滋养。五千年中华优秀传统文化可以为国际治理人才提供强大的文化自信心，越是民族的就越是世界的。中华优秀传统文化是培养国民精神的力量源泉，中华民族几千年文明的传承，本质上就是对传统文化批判继承、创新发展并逐渐深化文化自信的过程。许多高校在校园文化建设中，通过发掘深厚的传统文化资源，来提升学生对中华优秀传统文化的学习兴趣。只有增强对自身文化的自信心与民族自豪感，才能在世界舞台上更坚定，才能促进中华文化在世界的更多地方传播生长。

（三）有利于培养创新意识，为国际治理提供中国智慧

中国悠久的历史文化为我们提供了丰富的可供研究开发的蓝本，当今社会基于传统文化理念的创意设计层出不穷。青年人对于传统文化的热爱越来越浓厚，在对传统文化创造性发展的过程中提高了创新意识，培养了创新能力。在国际治理中也越来越多地听到"中国方案"，实际上，我们今天面临的国际治理难题要比历史上任何时代都复杂，但中华优秀传统文化中的某些思想理念，如"己所不欲，勿施于人""忠恕之道""和而不同"，对于国际治理仍有很强的借鉴意义。在《习近平谈治国理政》系列书籍中，习近平总书记经常引用古文古诗来表达治国理政的观念，可见中华优秀传统文化中蕴含着巨大的政治智慧，因此，在国际治理人才的培养中，通过对传统文化进行深入的学习，将古代智慧进行现代化观念的转化，可以帮助我们汲取多样的治理经验，提升治理能力，在国际舞台上提供更多的"中国方案"。

三、中华优秀传统文化在国际治理人才培养中育人功能的实现路径

将中华优秀传统文化纳入国际治理人才的培养体系中，通过文化育人的方式，从育人主体、育人资源、育人平台和育人方法等诸多方面探索新时代国际复合型人才培养的新路径。

（一）紧紧围绕"立德树人"中心任务，发挥高校育人主体作用

理想和格局是国际治理人才培养的重中之重，参与国际治理需

要坚定的政治品质和开阔的视野格局。当下，高校要担起国际治理人才培养的主体责任，统筹做好文化育人的顶层设计。一是要坚持党的领导，明确"培养什么人、怎样培养人、为谁培养人"这一根本性问题，将文化育人纳入学校整体发展的建设规划中，制定文化育人的相关培养方案，坚持以马克思主义思想为指导，旗帜鲜明地传承和发展中华优秀传统文化，并以社会主义核心价值观为导向，批判地继承传统文化中的价值理念。二是要准确把握中华优秀传统文化的现实价值，将其中积极的道德观念、治国理念和修身之道等思想与当下中国特色社会主义精神文明建设相契合，通过现代的表达方式和话语体系，赋予中华优秀传统文化以新的时代内涵，从而形成强大的精神力量。坚持古为今用、以古鉴今，坚持有鉴别地对待、有扬弃地继承，而不能搞厚古薄今、以古非今，努力实现传统文化的创造性转化、创新性发展，使之与现实文化相融通，共同服务以文化人的时代任务。三是要打造一支传统文化理论深厚、人文素养优秀、道德情操高尚的师资队伍，可以采取专兼搭配的方式，广纳社会人才，更重要的是通过言传身教的方式去渗透文化，更好地培养国家需要的国际治理人才。

（二）拓展丰富的育人资源，不断增强中华优秀传统文化的创造性转化和创新性发展能力

中华优秀传统文化是一座文化宝库，但很多时候是不能直接拿来就用的。在国际人才培养中要充分利用好中华优秀传统文化的丰富资源，一方面需要进行"自我革命"，要用科学的态度对待传统文化，既不能妄自菲薄，搞"虚无主义"，又不能"全盘接受"，不加

批判地使用，要按照新时代的特点，通过变更表现形式、表达方式，将其转化为新鲜活泼的内容，并加以补充与完善，从而延续传统智慧为当代价值，为人才培养贡献教育资源。另一方面要充分发挥中华文化兼容并包的特点，用好其他文明和民族的"他山之玉"，学习借鉴其他优秀文化的丰富成果，促进文化文明间的思想碰撞，从而博采众长地增加中华文化的思想厚度，让人类创造的一切优秀文化基因都为我所用。

（三）搭建文化育人平台，充分发挥第一课堂与第二课堂的比较优势，加强校园文化建设

在国际治理人才的培养中，首先要完善第一课堂的建设，重点建设一批高质量的中华优秀文化教育课，形成完整的课程体系，发挥各地高校"因地制宜"的特色优势，发掘当地文化资源，有针对性地开展相关教学活动。要积极落实"课程思政"的教育理念，在文化育人的过程中，加强对学生思想信念、道德素养的培养，倡导学生深入探索中华优秀文化的思想内核，不断提升文化素养[①]。其次要通过第二课堂的建设培育良好的校园文化，促进理论与实践相结合，通过开展形式多样的传统文化、中华传统节日、诗词大会、经典朗读、戏剧展演等活动，切实增强文化育人的效果，开展以传统文化为主题的党日活动、团日活动和暑期大学生社会实践活动等。还可以挖掘学校的文化历史，与传统文化相结合，与荣校、爱校相结合，用优秀文化浸润学生的心灵，使之内化于心、外化于行，提

---

① 吴增礼，王梦琪. 中华优秀传统文化创造性转化与创新性发展的维度和限度 [J]. 湖南大学学报（社会科学版），2020，34（1）：1-7.

升文化自信和民族自豪感。再次，可以构建"家—校—社会"协同育人机制，增加校内学习与社会、家庭的互动体验，破解课堂中的认识局限，增加学生实践体验的机会，从而更加深刻地理解和认同文化内涵。

（四）充分利用移动互联网的传播特点，贴近学生、贴近实际、贴近生活，创新传统文化的表达方式

国际治理人才应当是与世界发展潮流最为贴近的群体，当下移动互联网的发展，极大地改变了人们获取信息和知识的方式，而中华优秀传统文化的传播本质上也是一种信息资源流动，同样会面临"酒香也怕巷子深"的窘境，要借助多样化、多形态的媒介资源搭建传播渠道。因此，在文化育人的实践过程中，应当重视传播方式和形式的创新发展，利用好移动互联网浪潮，以更加开放包容的心态，不断面对社会对于传统文化的解构，重新活化传统文化，促进传统文化在青年群体中的传播，提高文化认同感。另外，充分发挥新媒体灵活快速的优势，制作短小精悍的图片、文字或者视频，多方位、多角度地对传统文化进行宣传，利用慕课、翻转课堂等教学方式开展教学。还要根据学生的特点，把握学生的心理动向，必须贴近学生生活、走进学生心灵去沟通，真正地了解他们的需求，并根据不同的需求特点，因人因时地开展个性化培养。

第三节　文化育人视域下全球治理人才培养路径

高校作为全球治理人才的重要孕育摇篮，在文化育人视域下进行全球治理人才培养路径思考，构建人才培养体系，具有重要意义。高校思政工作队伍，要利用家国情怀、工匠精神、新时代中国特色社会主义外交思想等优秀文化，实现全球治理人才培养的价值引领；要从治理情感、治理能力、治理意识三方面设计出具有"中国温度"的全球治理人才培养目标；要通过提升政治敏锐力、增强理论解读力、提高网络引导力，提升在全球治理人才培育过程中以文化人、以文育人的能力。

根据 2017 年 12 月教育部发布的《高校思想政治工作质量提升工程实施纲要》，我国高校切实构建"十大"育人体系，充分发挥课程、科研、实践、文化、网络、心理、管理、服务、资助、组织等方面工作的育人功能。文化育人作为其中的重要内容，可以提升高校思政工作的渗透力、凝聚力、引导力和感染力。高校作为全球治理人才的重要孕育摇篮，构建文化育人视域下的人才培养体系，具有重要意义。

一、铸魂：用中华优秀文化扣好治理人才培养的"第一粒扣子"

党的十八大以来，以习近平同志为核心的党中央基于对国内国际形势的战略判断，提出要积极参与全球治理，主动承担国际责任，打造人类命运共同体，并强调要加强全球治理人才队伍建设。中华优秀传统文化、革命文化、社会主义先进文化、中国特色社会主义文化等中华优秀文化中，有很多可以在全球治理人才队伍建设过程中起到核心价值引领作用的内容，用之可以为全球治理人才的培养扣好"第一粒扣子"。

第一是家国情怀。"家国一体"思想是中国古代国家架构与治理的重要理论来源之一，所谓"修身齐家治国平天下"，在历史长河中，多少有才之士都怀揣着这种理想。对国家前途命运的关注与担当，在实践中转化为高尚的理想追求，是凝聚实现中华民族伟大复兴的强大精神力量。习近平总书记在 2019 年春节团拜会上的讲话谈道："我们要在全社会大力弘扬家国情怀，培育和践行社会主义核心价值观，弘扬爱国主义、集体主义、社会主义精神，提倡爱家爱国相统一，让每个人、每个家庭都为中华民族大家庭作出贡献。"①

这意味着，在高校思政工作中必须进一步弘扬家国情怀，家国情怀当中很重要的情感内核就是个人基于爱国之情，自发、自愿地产生对于国家、民族的使命，产生对于中华民族复兴伟业的历史担当。在高校思政教育中融入家国情怀，一方面有益于增强学生对中华文化的认同，由文化认同再转为文化自信，另一方面提升大学生的主人翁意识。要培育全球治理人才，大学生对国家的关注和热爱是重要前提，对社会的责任感是核心内容，激发大学生强烈的责任担当意识是终极目标，家国情怀的灌溉与融入，应是全球治理人才培养思政工作环节的应有之义。

第二是工匠精神。2016 年，李克强总理在《政府工作报告》中

_____

① 习近平在 2019 年春节团拜会上的讲话［N］. 人民日报, 2019-02-03（01）.

强调要"培育精益求精的工匠精神",此后"工匠精神"作为关键词连续三年被写入《政府工作报告》。工匠精神作为新时代各行各业都应倡导的工作态度和职业风貌,是当代青年应追求的理想情怀和卓越品性。弘扬工匠精神,是高校思政工作者完成立德树人根本任务、为学生普及社会主义核心价值观教育的必要内容之一,这种包含着忘我工作的敬业精神、摒弃浮躁的专注精神、知中有行的实践精神和与时俱进的创新精神的道德品质和行为方式地慢慢浸润,"入脑"又"入心",可以助力思政工作者培育全球治理人才的治理能力与专业态度。

第三是新时代中国特色社会主义外交思想。党的十八大以来,在党中央的坚强领导下,我国的外交事业和对外政策有一系列重大创新,形成了新时代中国特色社会主义外交思想。在新时代中国特色社会主义外交思想的引领下,我国逐渐形成了积极正向的外交理念、灵活务实的外交作风、勇于承担的外交风格。这些极具特色的外交政策背后,一方面遵循了当下国际国内发展规律,是马克思主义实事求是的思想的延展,符合人类文明发展的路径方向;另一方面拓展了中国特色社会主义外交理论的深度,进一步丰富了社会主义理论体系。新时代中国特色社会主义外交思想,兼顾了国内国外的发展要求和客观实际,对中国和世界的和平发展都具有重大的现实意义。这充分说明,随着时代发展,掌握国际形势的演变规律,学习新时代中国特色社会主义外交思想是高校全球治理人才培育中的重中之重。

二、锻造:设立具有"中国温度"的治理人才培养目标

全面参与全球治理,必须以人才培养为先。各国由于发展程度

不同，价值导向和外交风格存在差异，因此对于全球治理人才的培养目标和标准也大相径庭。高校思政工作者，就要审时度势，与时俱进，为国家培养出具有"中国温度"的全球治理人才。2016年习近平总书记在中共中央政治局第三十五次学习讲话中明确指出："参与全球治理需要一大批熟悉党和国家方针政策、了解我国国情、具有全球视野、熟练运用外语、通晓国际规则、精通国际谈判的专业人才。要加强全球治理人才队伍建设，突破人才瓶颈，做好人才储备，为我国参与全球治理提供有力人才支撑。"根据这个要求，我们可以将我国的全球治理人才培养的目标大致划分为三个层面，分别是治理情感、治理能力以及治理意识的培养。其中治理情感和治理意识属于软实力，治理能力属于硬实力。

一是治理情感。一个合格的全球治理人才，首先应当是一个热爱祖国、了解国情、文化自信的人，只有以热爱为前提，才能有动力去深入了解，了解进而认知，认知进而认同。我们在这里所指的治理情感，主要指以爱国主义为核心的对国家的价值与情感认同，它是主动的、自发的、自愿的一种情感，是由对国家富强、人民幸福的期盼所生发出来的理想追求。这种情感是激发高校大学生立志成为全球治理人才的"原动力"。作为高校思政工作者，在治理人才的培养过程中，应当要注重治理情感的培养，引导学生高度关注国家的前途命运，利用国际时政素材激发大学生的忧患意识，看清西方兜售的所谓"自由""民主"下隐藏的祸心，提升爱国主义教育的效果，增进其报效祖国的动力。

二是治理能力。习近平总书记在2018年的中央外事工作会议上指出："要建设一支忠于党、忠于国家、忠于人民，政治坚定、业务精湛、作风过硬、纪律严明的对外工作队伍。要加强理想信念教育，提高外事干部队伍的专业能力和综合素质。"① 这里的"专业能力"就是我们在人才培养过程中对治理能力的培养。一个"业务精湛"的全球治理人才，首先应该掌握语言工具，外语能力是全球治理人才培养中的"敲门砖"，全球治理将在很长一段时间内作为外语类高校必须持续关注和深入研究的领域存在。其次，治理能力的培养应是跨学科、跨专业的。根据时代的发展形势，全球治理需要掌握的除了国际关系、国际政治的专业技能，还包括国际经济、国际贸易、国际公共社会管理、国际法、环境科学等复合知识。最后，基于国际社会环境的风云变幻，治理人才还必须有过硬的心理素质和抗压能力。这三点能力培养与我们之前提到的"工匠精神"其实大有重叠。一方面，在治理能力培养中融入工匠精神，可以提升职业境界、提高抗压能力；另一方面，可以锻造坚毅品质，端正义利观念。

三是治理意识。习近平总书记在谈全球治理时提到，要推动全球治理体制向着更加公正合理方向发展，积极参与，尽力而为，量力而行。这些重要论述释放出两方面信号：一方面，我们要有大国的责任担当意识，另一方面又要根据实际情况走"中国道路"，用"中国方案"。落到治理人才的个体上，这就要求我们在充分学习、汲取新时代中国特色社会主义外交思想重要知识的基础上，立足祖国实际，拥有责任担当、大局意识与全球视野。立足国家现状，掌握时代规律，关心自己与国家、与所处世界之间的紧密关系，认同人类发展命运与共，进而用自身行动改革完善全球治理体系，切实

---

① 习近平系统阐述新时代中国特色社会主义外交思想［N］. 人民日报（海外版），2018-06-25（01）.

推动构建人类命运共同体,这就是全球治理人才治理意识的内涵。

通过将全球治理人才培养目标划分为软实力与硬实力两个层面,结合中华优秀文化,我们大致可以勾勒出一个具有"中国温度"的全球治理人才形象,他/她应能达成热爱祖国、关心民族发展前途命运、有扎实专业技能和良好心理素质、有责任担当、有大局意识的培养目标。

三、引领:提升高校思政工作队伍以文化人、以文育人的能力

文化育人视域下的全球治理人才培养,要靠高校思政工作队伍一步一个脚印踏踏实实做好理想信念教育,树立价值引领导向。高校思政工作队伍是全球治理人才培养过程中思政体系建设的重要力量,提升高校思政工作队伍以文化人、以文育人的能力,是思政工作者职业生涯中应有的自我要求,同时也是回应时代的呼唤。具体可从以下三方面努力:

首先,提升政治敏锐力。对高校思政工作队伍政治敏锐力的培养与要求,应该集中在三方面。第一,高校思政工作者必须有坚定的理想信念、正确的政治方向、明确的政治立场。第二,高校思政工作者必须将自己与国家、与所处世界的前途命运紧紧相连,关注国家发展,关注国际局势,关注经济、政治、科学、文化等广泛领域内的新资讯、新动向。第三,高校思政工作者要有辨别是非的能力,知行合一,敢于与错误的思想做斗争。在日常的教学和工作中,要多角度、多渠道观察学生的思想变化,掌握舆论动向,了解学生的思想状态。全球治理人才,应能在高校思政工作中,听明白马克思主义的科学性、先进性,还要看清楚"虚无主义"等思潮的反动本质,从而进一步坚定马克思主义和共产主义理想信念。

其次，增强理论解读力。高校思政工作者，是党的路线、方针、政策的宣讲者，是核心价值观的传播者，是肩负大学生健康成长的指导者和引路人。因此，高校思政工作队伍要在时代发展中关注国家重要会议、领导人重要论述，提炼当中爱党拥党的信念、爱国爱民的情怀，并通过生动形象的例子，传播给学生。在日常生活中，要坚持不懈传播马克思主义理论，如在学生面临择业的时候，向他们解读马克思的《青年在选择职业时的考虑》一文，使学生树立为全人类服务的高目标，为他们种下全球治理人才理想的种子，牢牢把握意识形态话语权和主动权。

再次，提高网络引导。为学生传播什么价值理念重要，如何传播才能"入脑""入心"，更加重要。基于大学生思想新变化与大学生发展的共同需要和期待，丰富思政工作队伍的思想政治教育形式与手段意义重大。迈入新时代，互联网已经逐渐成为意识形态斗争的主战场、主阵地，对思政工作队伍的社会主义意识形态引导力建设提出了更多挑战，提出了更高要求。网络引导力的提升来源于思政教育亲和力的注入，要让学生愿意"亲其师""信其道""乐其业"，必须从人文关怀的角度入手，要学会运用情境引入法将学生平时所关心的具体事例引入思政教育环节之中，从而激发学生兴趣，鼓励深层思考，引发情感共鸣，启发心智。

从提升政治敏锐力、增强理论解读力、提高网络引导力三方面着手，将提升高校思政工作队伍在全球治理人才培育过程中以文化人、以文育人的能力。同时还应看到，作为全球治理人才孕育摇篮的各大高校，应该在培养环节形成合力，积极倡导跨学科培养，实现校际资源共享与优势互补。

第四章　家国情怀与全球治理人才培养

第一节　国际视野下的高校爱国主义教育

中国正处于近代以来发展最好的时期，世界局势出现百年未有之大变局。二者同步交织，相互激荡。一方面，世界各国间文化、经济、政治、教育、科技等方面的持续交流促进了高校思想政治教育的多样性和丰富度；另一方面，在世界文化大交融的时代背景下，多元文化和不同价值取向的出现也在潜移默化中影响着学生的思想动态。因此，如何在国际化视野下有效开展高校学生的爱国主义教育，更大程度地激发大学生爱国主义热情，已成为时下高校思想政治教育工作探讨的热点问题之一。

一、国际视野下高校爱国主义教育的新要求

自改革开放以来，我国高度重视国际化人才队伍的培育与建设

工作。党和政府多次出台相关文件，明确提出高校应致力于培育大批拥有国际视野、通晓国际规则、参与国际事务及全球治理的专业化国际治理人才。且高校在培育国际治理人才的全流程期间，不仅要关注学生专业知识及语言能力的培养，更要加强学生综合素质、思想政治素养的提升，其中爱国主义教育便是思想政治教育体系中的核心组成。

爱国主义教育既有其特殊的历史渊源，又因新时代的更迭发展而产生新的变化。因此，高校作为大学生爱国主义教育的主阵地，应及时结合国际形势变化，分析现阶段爱国主义教育的新要求、新内涵，随之思考国际化视野下高校爱国主义教育的培养路径优化。就目前而言，国际化视野下的高校爱国主义教育新要求主要体现在以下三个方面：

（一）以培养"国际视野与意识"为目标

习近平总书记曾在谈及爱国主义精神时强调，"弘扬爱国主义精神，不仅要立足民族，更要放眼世界"。在国际化视野的大背景下，高校爱国主义教育已经不仅仅局限于学生在热爱祖国与维护民族团结的情绪表达上，更要建立在培养国际视野与国际价值认同的基础上。如 2020 年年初，新冠肺炎疫情席卷全球，中国政府在最短时间内下达"不惜一切代价挽救人民群众生命"的指令，各省、自治区、直辖市火速响应，迅速部署并开展相关防疫工作，以举国同心之力同疫情展开殊死较量，涌现出一批感人至深的英雄事迹，生动诠释了中华民族的大爱精神和不屈之魂。

与此同时，部分西方国家不顾人民群众安危，不尊重科学事实依据，恶意推卸国际责任。通过对比中外各国在本次疫情大考中的表现，高校应引导学生深刻意识到中国特色社会主义制度优势，随之增强学生的爱国主义深度。因此，国际化视野下的爱国主义教育要求高校需注重培养、拓展学生的国际视野与意识，只有这样，学生才能对当今国际形势和多元文化价值做出正确辨析，以更广阔的国际视野和更包容的价值视角弘扬爱国主义精神。

（二）以服务"人类命运共同体"为方向

2012 年 11 月，中共十八大明确提出要倡导"人类命运共同体"意识，旨在强调同为地球村的一员，世界各国应携起手来共同应对全球性挑战，构建合作共赢而非博弈的全球伙伴关系。随着我国整体国力的不断提升，中国已不再只是中国之中国，更是世界之中国。

近年来，我国广泛参与国际事务，尊重国际关系多元化，致力于维护世界秩序，为人类和平发展作出了诸多突出贡献。"人类命运共同体"思想从某些方面来看具有浓厚的中国特色，它强调了互惠包容而非唯我独尊；强调了天下一家，而非四分五裂，这些内容都与中华民族的传统美德不谋而合，更在此之上进行了延伸与发展。传统的爱国主义教育精神在一定程度上片面地强调了本国利益的重要性，而忽视了国际团结与世界共同繁荣的意识。因此，"人类命运共同体"这一概念为国际化视野下的爱国主义教育指明了新的方向，高校不仅应培养学生拥有热爱祖国、热爱民族的情怀，更需要深层次地引导学生追求服务世界、服务人类的理念，构建以服务"人类命运共同体"为方向的爱国主义价值体系，鼓励学生增强对人类命运的关切，深化对爱国主义精神的理解。

（三）以心怀"伟大复兴中国梦"为己任

"中国梦"是习近平总书记于 2012 年 11 月在参观《复兴之路》展览发表讲话时首次提出的重要思想，其基本内涵是实现国家富强、民族振兴、人民幸福。自党的十八大以来，与"中国梦"一词相关的论述引起了人民群众的高度关注，多家官方媒体也刊载相关评论文章，"中国梦"也成为新时代背景下的热词之一，它体现了民族复兴的夙愿和中华儿女的爱国情怀。在国际局势深刻变革的新时代，国家亟须统一的思想认识和高度团结的奋斗目标，"中国梦"正提供了这样的机会。高校学生作为新时代的年轻力量，在实现"中国梦"的历史进程中承担着重要使命，起着中流砥柱的作用。因此，国际化视野下的爱国主义教育应关注、引导学生正确了解"中国梦"的内涵与本质，辩证理解个人发展与国家发展之间的统一关系，找到个人理想与"中国梦"之间的高度契合点，将国家复兴的大目标转化为一个个学生不断为之奋斗的小目标，鼓励学生为努力实现"中国梦"做出自己的贡献，由此提升学生爱国情怀和爱国主义精神。

二、高校学生爱国主义教育可能存在的问题

自新中国成立以来，党中央及有关部门一直高度重视大学生爱国主义教育问题，先后出台了《关于加强爱国主义宣传教育的意见》《爱国主义实施纲要》《中共教育部党组关于教育系统深入开展爱国主义教育的实施意见》等文件及材料，充分表明了我国对爱国主义教育的高度重视。与此同时，高校爱国主义教育体系已逐步建立成型，并取得了丰硕的成果。但随着世界各国间交流的不断加强和国

际化程度的日益加深，当前的爱国主义教育也可能呈现出一些新问题。下文将着力阐述高校学生爱国主义情感可能存在的问题。

（一）爱国主义观念较为狭隘

在进入高等学校之前，学生所经历的爱国主义教育大多为历史性的爱国主义教育，即通过讲述历史事件和历史故事加深对爱国主义精神的理解。因此，部分学生对爱国主义的理解较为狭隘、片面，认为爱国主义就是单纯的热爱、崇拜自己的国家，对其他国家的政策及做法呈现出不屑和摒弃的态度，如对其他国家的文化、文明不予认同，对国际形势不加关注。然而随着国际化进程的不断加深，世界形势与中国国情随之不断变化，爱国主义精神也随之呈现出新的特征。因此，高校应注重拓宽、加深学生对爱国主义教育的理解，将国际视野与世界担当、人类命运共同体、"中国梦"等主题写入高校爱国主义教育体系的内容之中，有针对性地改变学生片面的爱国主义观念。

（二）爱国主义思想易受环境影响

改革开放至今，我国在经济、政治、文化等多个领域与西方国家产生交流。但从一定程度而言，"文化入侵"也在潜移默化中影响着学生的思想动态。由于高校学生大多刚刚成年，尚未形成健全的价值体系，因此思想观念易受周围环境影响而诱发波动。如外语类高校学生在专业学习中经常接收到来自西方国家的文化与观念，但由于民族自信心不强、爱国之心不够坚定，极易产生怀疑自己等情绪波动。同时，部分学生在出国交流学习期间长期无法接受有效、直观的爱国主义教育，而容易在国外舆论环境中偏听偏信某些不实报道，进而影响自己的民族自信心，不仅不能向世界讲好中国故事，甚至因思想动摇导致在一些关乎国家民族利益的大事面前无法做出正确判断，在西方不良媒体的错误引导下无法与党和人民坚定地站在一起。

（三）爱国主义教育缺乏连续性

我国一直高度重视对学生爱国主义教育的培养，无论是小学的升旗仪式、国旗仪仗队，还是初中阶段必修的思想政治教育课，都以相对连续的频率和课堂教学模式引导学生的爱国主义教育观念。但自进入大学校园后，多数高校只集中在低年级阶段筹备新生入学教育以及开设中国近现代史纲要、马克思主义基本原理概论、思想道德修养与法律基础、毛泽东思想和中国特色社会主义理论体系概论四门必修课程；在进入高年级阶段学习后，学生多忙于实习、就业、备考等相关事务，对爱国主义教育活动的参与度有所降低，也使得爱国主义教育被迫中断。此外，于外语类高校而言，众多语言类专业的学生会在高年级阶段选择出国交流学习以提升语言能力并了解对象国文化，在此期间的爱国主义教育因距离问题等客观因素便会出现空白期。因此在高校思政育人的全流程中，爱国主义教育仍缺乏连续性。

三、提升国际化视野下学生爱国主义观念的具体举措

世界格局的改变和国际化进程的不断深入对高校爱国主义教育工作提出了更多的要求和挑战。高校应当根据新时代的特征要求，结合党的相关政策，把握立德树人的根本任务，对爱国主义教育的内容、形式、方法、呈现等方面因势而为，做出相应调整，以切实提高爱国主义教育的时代性和时效性，真正做到为党育人、为国育才，培育出一大批具有家国情怀和坚定理想信念的国际治理人才。结合前两章的内容及外语类高校的特点，提升国际化视野下学生爱国主义观念的具体举措如下：

（一）抓好外语人爱国主义的独特体现——向世界讲好中国故事

谈到爱国主义教育时，不同专业的高校学生都有其独特的爱国主义精神体现。如理工类专业学生的爱国主义精神体现在立志于自主研发出世界级的人工智能软件或器械以推动中国电子科技水平的飞速发展；医学类专业学生的爱国主义精神则体现在"非典""新冠肺炎疫情"等特殊事件中的挺身而出；而外语人在爱国主义精神方面的独特体现就是向世界讲好中国故事。一直以来，外语类人才在党和国家的对外宣传工作中起着至关重要的作用，是中国与世界沟通的重要纽带之一。因此，外语类高校在国际治理人才的培养过程中，应注重引导学生树立外语人才的爱国主义价值观。

（二）强化爱国主义云端网络体系建设——构建"爱国云平台"

随着国际化进程的不断深入和互联网新时代的到来，网络已成为高校师生学习、生活、交流的重要平台，因此高校爱国主义教育也应尽早占领互联网主阵地，以学生喜闻乐见的形式加强爱国主义云端网络体系建设，构建"爱国云平台"。一方面，高校可充分利用微信、微博、学习强国、知乎、QQ 等新媒体平台，将爱国主义教育内容以多种不同的形式向学生呈现，如文字、音乐、图片、短视频、微电影等，同时激励学生发表原创文化作品，以增强学生在爱国主义教育过程中的参与感，切实提升学生爱国主义观念。另一方面，高校可从不同层级构建爱国主义云端网络体系，如从高校宣传部、学生处思政教育科，到校团委、校级学生活动组织、学院学生会团总支、党支部及融媒体发展中心等部门，共享宣传资源，层级化开展活动，有序做好网络思政宣传工作，强化爱国主义云端网络体系建设。

（三）加强主题社会实践育人——培育"肯实干"的爱国主义精神

为强化学生的使命担当及社会责任意识，除理论化的爱国主义精神教育外，高校还应鼓励学生主动参与到主题社会实践中去，营造全方位的爱国主义教育环境。一方面，主题社会实践的爱国主义教育模式能极大地增强学生的参与感和融入度，切实强化学生的社会责任意识，帮助学生在社会环境中意识到个人发展与国家进步的关系，同时主题化的社会实践也能帮助学生更有针对性地了解国情民意；另一方面，实践是检验真理的唯一标准，在主题社会实践中，学生可以将学得的爱国主义教育理论用至实处，将爱国热情转为"肯实干"的爱国主义精神，以身体力行和实际行动自觉践行爱国主义精神，做国际化新时代下的"爱国者"。

第二节　全球治理人才培养与思想政治教育的融合

一、开展全球治理人才培养工作的背景

随着越来越多的国家和国际组织开始在世界舞台上发挥重要作用，世界逐渐进入全球治理的时代。在全球治理这个名词中，"全球"意味着治理不再局限于"国际"，随着世界全球化进程的不断加深，各国之间的联系日益紧密，全球性问题越发显著。应对这些全球性问题，如全球气候变暖、移民问题、互联网安全等，需要各国和各国际组织长期的联合行动和共同努力，不能单纯依赖于某一国家或某一组织。除长期制定规则和维持世界秩序的发达国家外，不断进步的发展中国家，如中国，展现出了越来越强大的经济和政治实力，在世界秩序的构建中具备了更多的影响力。非政府组织、跨国公司等团体也在影响着全球性问题的走向。种种新力量的加入和壮大，使得世界政治的范围不再仅仅停留在"国际"，而是扩展到了"全球"。由于当前的世界体系中并不存在世界政府，"治理"通常体现为各国在国际体系中以何种方式相互关联，因此，国际治理指"旨在控制或影响他人的任何有目的的活动，这些活动发生在国家层面，或者其他影响国际社会的层面"。国家参与全球治理，更加强调国家在全球性问题上进行协商、协调和合作，而非单独某一国家凭借自身力量对某一国际事务进行解释、管理和裁判。

习近平总书记在联合国成立 75 周年纪念峰会的讲话中指出："当今世界正经历百年未有之大变局，突如其来的新冠肺炎疫情对全世界是一次严峻考验。人类已经进入互联互通的新时代，各国利益休戚相关、命运紧密相连。全球性威胁和挑战需要强有力的全球性应对。"习近平总书记强调："中国将始终做多边主义的践行者，积极参与全球治理体系改革和建设，推动构建人类命运共同体。"面对世界的风云变幻，中国始终坚持多边主义，推动构建人类命运共同体，展现了参与全球治理的积极态度、团结精神和负责任的大国担当。因此，高等院校需要开展全球治理人才培养工作，使这些国际人才更好地维护国家利益，为中国参与国际问题议程提供有力支持。

二、思政教育在人才培养工作中的重要性

2017 年 5 月 3 日，习近平总书记在中国政法大学考察时表示，"中国的未来属于青年，中华民族的未来也属于青年。青年一代的理想信念、精神状态、综合素质，是一个国家发展活力的重要体现，也是一个国家核心竞争力的重要组成"。由此可见，党和国家对青年学子抱有重大期望。高校是进行高等教育的场所，其目标是培养拥有高水平学识、高层次能力的人才。培养高等人才以使其具有坚定思想信念、良好的精神面貌和优秀的综合素质，是高校人才培养工作服务国家战略的责任所在。

2016 年 12 月 7 日至 8 日，习近平总书记在全国高校思想政治工作会议上指出，"高校思想政治工作关系高校培养什么样的人、如何培养人以及为谁培养人这个根本问题。要坚持把立德树人作为中心环节，把思想政治工作贯穿教育教学全过程，实现全程育人、全方位育人，努力开创我国高等教育事业发展新局面"。思想政治教育，就是将理论知识、价值理念和精神追求等思想政治元素融入各门课程中去，潜移默化地对学生的思想意识、行为举止产生影响。全球治理人才培养要求学生在学习过程中大量学习和探究世界各国的政治经济特点和社会文化环境，以全球视角观察和分析复合问题，这需要学生广泛而直接地接触多方信息；在学生自主学习的过程中，还很有可能接触到许多未经筛选的有害信息。况且，"全球治理"这一学术名词，及其相关的国际关系、国际政治等学科，本就起源于西方国家，不可避免地包含了西方世界历史发展和文化价值的定义和诠释。学科背后的复杂文化话语背景，使得在人才培养计划中为学生提供正确、及时的思想政治引导变得尤其重要。开展和完善思想政治课程，发挥多种人才培养途径的思想政治教育功能，是培养合格的全球治理人才必备的教学资源支持，有利于学生在学业、工作和生活等多方面的健康发展、长期发展，对实现中华民族伟大复兴的中国梦具有积极作用。

三、全球治理人才培养中的教育融合

（一）促进思想政治教育与人才培养工作的融合

思想政治教育在全球治理人才培养领域起着重要作用。但是，当前的思想政治教育体系的建设水平与对全球治理人才的需求之间存在着不均衡之处。在中国经济飞速发展的背景下，中国的政治地位也在不断攀升，迫切需要在国际话语上赢得更大、更广泛的影响。加强中国参与国际事务的能力，提升中国在有影响力的国际机构中

的代表性，都是扩大国际话语权的重要途径。中国在国际政治世界
中的新角色，同时也是更重要的角色，要求中国扩充其人才库，以
更好地在国际事务中产生影响。因此，高校开展全球治理人才培养
工作，扩充全球治理人才储备，是为了更好地服务国家战略。在此
过程中，建立和完善思想政治教育体系十分重要。通常，高等院校
都采用必修课和选修课相结合的课程设计，如何在其中增加思想政
治的内容和增加方式都是需要考虑的问题。此外，学生活动占据学
生校园生活的比重不容忽视，应更好地发挥学生活动的思政教育功
能。制订综合全球治理人才培养计划的第三部分是对毕业标准做出
改动，将思想政治评估纳入毕业要求。

（二）发挥多种人才培养途径的思想政治教育价值

1. 提高思想政治内容在专业课程中的比例

在当前阶段，各高校的全球治理人才培养工作主要是通过与国
际关系、国际政治和世界经济以及公共政策等主题相关的多门课程
来教育学生，其首要目的是教授学生有关国际事务的知识，为学生
进行学术研究提供丰富的信息资源。通过学习这些课程，学生有望
成为具有多种语言技能、适应国际环境并熟悉国际政治话语体系的
人。然而，在综合的培养计划中非常重要的思想政治教育尚未得到
充分考虑。在大多数积极开展全球治理人才培养工作的高校，参加
全球治理人才培养计划的学生与其他课程的学生一样，接受相同的
意识形态和政治学必修课程。至于选修课程，专为全球治理人才培
训而设计的思政教育课程较少。此外，除了在大学课程设置方面，
思想政治学习的评估要求也相对较低。当前的思想政治课程、活动

和评估可能足以满足其他培养计划的学生需求，但对于培养全球治理人才而言则需要增加。因此，增加思想政治内容的比重是提高其教育效用的必要途径，这需要学校、教师和学生三方的共同努力。

第一，各高校可改进课程设置，并将其加入专为参与全球治理人才培养计划的学生所设计的思想政治课程。全球治理人才的意识形态和政治必修课可与其他学生的必修课区别开来，其重点落在对中西方的意识形态和文化价值研究提供公正的指导。对参加全球治理人才培养计划的学生来说，他们要学习大量世界各国的政治、经济、文化和历史等知识，而西方发达国家长期主导世界政治经济秩序，是国际关系等学科的诞生地，对学科的研究方法、价值取向有着深远影响。因此，西方价值观和意识形态会不可避免地渗透到学生的学习过程和分析方向中，此时，来自可靠机构的专业指导就变得尤为重要和必要。高校应在思想政治知识的传播和解释上，特别是对中西方的分歧做出正确的理解上，表现出专业性、可靠性和全面性。

第二，专业课教师应肩负起思想政治培养的责任。参与全球治理人才培养的专业课教师应该提升自己的政治敏感度，积极学习先进的思想政治理论和知识，建立起专业知识教学和思想政治教育之间的融合关系。对于教授全球治理相关课程的教师来说，对西方价值体系的接触是直观而容易的；相反，他们对于中国现代和传统价值观的学习和运用机会则相对较少。因此，如果教师没有对中国文化的思政价值进行积极学习和额外研究的话，他们对中国特色社会主义道路的理解就会变得浅显。在学生的学习生涯中，教师是与他们交流最直接、关系最紧密的群体。全球治理人才的培养工作内容

92

包含了大量有关国际事务和西方世界的知识和文化，一旦学生在课堂上受到了教师的不当引导或错误暗示，其后果不堪设想。全球治理人才培养工作的最终目的是将人才输送到政府部门和各大国际组织、跨国机构中，如果这些人空有丰富的知识和信息储备，却在思政和价值观上背离自己的祖国，那么他们在全球治理领域发挥的作用越大，造成的不良影响也就越大。由此可见，教师在思政方面对学生的正确引导至关重要。把思想政治教育融入国际治理专业教学需要教师不断进行自我要求、自我完善、自我提高，如此才能更好地为培养合格的全球治理人才做出贡献。

2. 重视学生活动的思想政治教育功能

通过组织集体活动或学生领导活动，让思想政治教育自然地融入学生日常的校园生活中。也可以通过鼓励学生参与有益的社会实践，来加强学生对思想政治理论的理解和应用。例如，可以利用节日和假日前的时间组织集体活动。以节庆为主题，同时加入思想政治教育的内容，以扩充学生的知识面，潜移默化地对学生产生正确的影响和引导。以五四青年节为例：在五四运动中，青年学生起了先锋作用，他们的爱国精神、求真精神和大无畏精神值得每一代青年学生深刻学习。五四运动标志着中国无产阶级开始登上政治舞台，对马克思主义在中国的传播和中国共产党的建立和发展起了重大作用，是思想政治教育中的重要一课。

五四青年节是为了纪念五四运动而诞生的，在五四青年节时组织学生活动，既可以为学生学习五四精神提供资源，为学生交流爱国情感提供平台，也是学校应该承担的责任和开展思政工作的有效途径。

3. 提升思想政治学习成果在学生学业中的地位

学校在为全球治理人才培养计划开设思政课程的同时应该设置相应考试，以检测学生的学习和理解水平，其结果应纳入毕业考核标准。此外，考核应对思政学习的各个方面进行考虑，不可一味将成绩作为唯一衡量标准；具体考核细则可由学校根据本校课程安排和学生特点进行研究，但要以避免学生产生抵触情绪为基础。结合第一条有关课程设置的建议，大学可以综合考虑学生在思政方面必修课的考试成绩和课堂表现，以及选修课的学习时长和学分，以做出是否给予或以何种方式给予学生毕业资格的决定。将思政测评纳入毕业要求，是为了提高学生对思政学习的重视程度，也是对积极要求上进的学生的鼓励。一个优秀的全球治理人才，必须是一个在政治上上进、思想上先进的人才。只有培养出自觉提升政治素养，用高标准严格要求自己的学生，才是全球治理人才培养工作成功的基石。

总之，促进思想政治教育与人才培养工作的融合，需要发挥多种人才培养途径的思想政治教育价值。提高思想政治内容在专业课程中的比例，充分行使学生活动的思政教育功能，将思想政治学习成果纳入毕业和取得学位的标准，是发挥全球治理人才培养工作思政价值的三个途径。其中，将思想政治教育融入专业培养计划中，需要院校完善课程设置，还需要高校教师提升政治素养，改进授课理念。

促进人才培养工作中的教育融合，是为了弥补当前高校思想政治教育体系的建设水平与国家战略对全球治理人才的大量需求之间存在的不均衡。提升专业教学的思想政治意义，将思想政治教育贯穿学生的校园学习生活，使筛选优秀人才的办法更加全面合理，同时，也可以筛除思想不过关、政治不合格的学生。

随着我国在全球治理中的参与度和话语权的提升，培养全球治理人才成为高校服务国家战略的新支点。为了更好地开展全球治理人才培养工作，各大高校应加强思想政治教育和人才培养工作的融合，发挥多种人才培养途径的思想政治教育价值，在专业课授课、学生活动的组织和毕业标准等方面对思想政治教育内容进行添加和完善，提高对参与全球治理培养计划的学生在思政方面的要求，为国家培养和筛选合格的人才。

三、革命精神教育是思想政治教育工作的重要抓手

革命精神是马克思主义理论与中国特色社会主义实践相结合的理论产物，其凝结着中国共产党人的独特理论智慧和精神品格，是思想政治工作的重要内容。开展革命精神教育对于提升思想政治工作的实效性具有重要意义。

（一）革命精神教育为中国梦的实现提供强大的精神支撑

2013 年 3 月 17 日，习近平总书记发表的讲话中对"中国梦"进行了全面阐释。实现伟大的"中国梦"要有三个必要条件，这就是必须走中国道路，必须弘扬中国精神，必须凝聚中国力量。重精神是中华民族的优秀传统，几千年来中华民族形成了独具中国标识的中国精神，而革命精神与以爱国主义为核心的民族精神和以改革创新为核心的时代精神具有内在一致性，它们都内在地包含了伟大的创造精神、奋斗精神、团结精神、梦想精神等，都在一定的历史阶

段中引领社会的潮流和风尚，共同推动着国家和社会的发展，共同构成了中国精神，是实现中国梦的强大精神支撑。

改革开放以来，我们国家站在了新的历史起点，长期的和平环境和巨大的改革开放成就，让00后大学生不可避免地产生与革命精神的疏离感，很容易滋生贪图享乐和不思进取的精神懈怠现象，持续、广泛、深入地开展革命精神教育有助于引导和帮助广大00后大学生热爱祖国，努力奋斗，为实现中国梦的生动实践注入强大的精神动力。

（二）革命精神教育有利于增强文化自信

党的十九大报告中指出："文化自信是一个国家、一个民族发展中更基本、更深沉、更持久的力量。必须坚持马克思主义，牢固树立共产主义远大理想和中国特色社会主义共同理想，培育和践行社会主义核心价值观，不断增强意识形态领域主导权和话语权，推动中华优秀传统文化创造性转化、创新性发展，继承革命文化，发展社会主义先进文化，不忘本来、吸收外来、面向未来，更好构筑中国精神、中国价值、中国力量，为人民提供精神指引。"革命文化与中华优秀传统文化、社会主义先进文化一起构成中国特色社会主义文化体系，革命精神教育关系到革命文化的继承和传播，对于00后大学生了解中国近现代革命历史和革命英雄事迹，感受改革开放以来国家取得的巨大成就以及成就背后的精神力量，做到不忘初心具有重要意义，同时也是增强文化自信，建设文化强国的重要途径。

（三）革命精神教育具有思想政治教育的功能

革命精神教育具有思想政治教育的功能，其内涵与青年大学生

96

成长成才的需要高度契合。00后大学生已满18周岁，正是价值观的形成和塑造时期。革命精神教育对个人的成长成才意义重大。它有助于帮助广大青年特别是00后大学生解决思想困惑、克服现实困难，帮助00后获得思想上的启迪，破解学习生活中的困境。如毛泽东同志关于"中国的青年运动有很好的革命传统，这个传统就是'永久奋斗'，我们共产党是继承这个传统的，现在传下来了，以后更要继续传下去"的论述对于广大00后学生努力奋斗具有重要的意义和价值。习近平总书记指出，要兴党强党，就必须以自我革命精神打造和锤炼自己。只有努力在革故鼎新、守正出新中实现自身跨越，才能不断给党和人民事业注入生机活力。这对于00后大学生在挫折中树立自信，在创业中勇于吃苦，在学业和实践中敢于创新等具有重要意义。这些都是革命精神在思政育人上的重要体现。

四、新时代提升00后大学生革命精神教育

随着00后大学生进入高校，"00群体"越来越受到重视。00后大学生的整体特点表现为"思维更加灵活前卫，喜欢追求潮流和创新，价值取向更加多元化，实用主义倾向明显"[1]。处在新时代的00后，能否真正接受并主动传承革命精神，做到内化于心、外化于行，关乎思想政治工作的实效和中国特色社会主义事业是否后继有人。因此，有必要针对00后大学生的思想特点和当前"革命精神"的教育现状，从思政教育工作者角度探究提升00后大学生革命精神教育的路径。

---

[1] 马川.00后大学生心理健康水平的实证研究——基于近两万名2018级大一学生的数据分析[J].思想理论教育，2019（3）：95-99.

（一）坚持革命精神教育与解决实际问题相结合

00 后大学生接触和学习革命精神的主动性不强，既与对革命精神的理解不够深刻和全面有关，也与觉得不够实用，不能解决自己所面临的实际问题有关。因此，开展革命精神教育，必须通过线上线下、课内课外、校内校外等途径准确、全面地阐述革命精神内涵，由此衍生出自强不息、艰苦奋斗、勇于创新、勇于实践、团结一致、甘于奉献等革命精神。革命精神教育不能流于"假大空"，而应与00 后大学生的实际相结合，同时在实践中完善和发展。实际问题主要是指现实生活中所遇到的实际困难和难以处理的实际矛盾。如职业发展困惑、学业发展困难、家庭经济贫困、人际关系不和谐、校园环境不适应、心灵受到创伤等等。为此，思政教育工作者应密切关注学生的思想、学习、生活、职业发展和心理健康等各方面的情况和问题，全过程、全方位地结合革命精神做好引领和阐述工作。例如，在开展创新创业工作中，通过授课、实习实践等渠道贯穿敢于创新、勇于实践、艰苦奋斗的精神，解决大学生在创新创业过程中心理困惑、浮躁等实际问题；在开展家庭经济困难学生资助工作中，教师用甘于奉献的精神做好服务工作，鼓励学生用自强不息、艰苦奋斗的精神完成学业，实现发展；在学生团体和学生干部管理中，营造团结一致、甘于奉献的良好氛围；等等。

（二）优化育人环境，多途径加强革命精神校园文化建设

00 后大学生思想前卫，更喜欢追求潮流。革命精神教育要因时而进，因势而新。高校应优化育人环境，积极完善线上和线下革命

精神教育平台，多途径加强革命精神校园文化建设，做到以文化人。第一，结合节日或者纪念日，通过各种学习教育平台引导学生观看与革命精神相关的影视资料，定期通过党团建设、班级建设等途径组织参观博物馆、纪念馆、校馆，让学生贴近实物，感受国家革命、建设、改革过程中出现的先进人物和先进事迹，开展触景式教育。第二，开展红色文化主题相关的比赛和与革命精神相关的社会实践等，让大学生主动设计、主动参与、主动学习。第三，积极利用网络新媒体平台，紧贴信息化时代发展趋势，敢于和善于利用新媒体发声。可结合新媒体的及时性、视频化等特点，利用"两微一端"和视频软件，采用00后大学生喜闻乐见的方式传播思想、传递信息。培育新一代"网红"，在00后大学生接触较多的旅游、网游、音乐视频中传递正能量。第四，发挥全员育人的作用。辅导员和班主任发挥思想引领作用，专业课教师发挥学术优势解读革命精神，行政和后勤教师身先示范做好服务保障工作，让学生在实际中感受到教师的作用。

（三）教师的言传与身教相结合，创新教育教学方法

首先，思政教育工作者在教育学生前，自己应先接受教育。应深刻理解和把握革命精神的内涵，反对两种错误观点，既要反对消极的革命虚无主义，又要反对革命的理想主义。前者是保守主义，缩手缩脚，后者是激进主义，盲目蛮干。理解革命，实质是为了解决问题和矛盾。正确践行革命精神，应立足于实事求是原则，树立敢于面对现实问题的勇气，学会发现问题，主动学习并寻找规律，主动掌握新媒体的语言特点和技巧、思想政治工作的方法和途径、

00 后大学生的年龄特点和话语表达特点，通过实践科学地处理问题。其次，言传与身教相结合。思政教育工作者要先懂、真信，使用 00 后大学生喜闻乐见的网络用语和诙谐幽默的表达感染人和吸引人，掌握话语主动权。勇于直面热点事件，说理透彻，举例充分，积极同历史虚无主义和诋毁革命英雄的行为做斗争。要带头投身到革命精神教育实践中，投身于志愿服务、创新创业、社会实践和公益发展，从小事做起并做好小事，善于搞好团队建设，发扬艰苦奋斗的精神等。要做到"五心"，即对革命精神的传承和 00 后大学生的积极性要有信心，对持久开展革命精神教育要有耐心，投身实践要有热心，主动关心大学生的学习和生活，师生争取成为知心朋友。最后，积极创新，发挥思政课堂主阵地作用。00 后大学生认为授课的吸引力不大，主要原因在于内容乏味、形式单调。这就要求思政教育工作者提高认识，认清思政课的重要性和阐述革命精神的必要性，避免乱讲和照读。应结合大学生的实际和最新时政热点，结合理论和案例，阐述革命精神，让大学生感受到革命精神在学习和生活中的力量，在国家发展和民族命运中的积极作用。善于创新课堂组织形式，杜绝一味灌输，鼓励学生主讲、互评，开展实践教学和第二课堂等方式引导学生主动参与，提出问题并合理设计方案。掌握科学的方法论，在学生注意力时段上巧用力，学会运用新媒体在课堂互动、观点表达中的作用。

第三节　"浸润式"爱国主义教育培养全球治理人才

高素质全球治理人才培养是落实党和国家加快推进教育现代化、建设教育强国总体部署和战略设计的一步"先手棋"，高校必须扎根中国大地，以更高远的历史站位、更宽广的国际视野、更深邃的战略眼光，主动担当，有所作为。00后大学生由于接触外来文化较多，受到的价值冲击和思想碰撞比较尖锐，爱国主义理想信念的教育至关重要。探究"浸润式"大学生爱国主义情怀培育模式，准确把握新时代高素质全球治理人才的基本内涵，以"楼道热词翻译+思想引领+社会实践+校园文化"的"浸润式"爱国主义教育点燃青年的忠诚情怀，回应大学生信仰困惑，帮助学生"扣好人生第一粒扣子"。

一、全球治理人才培养时代下，强化"浸润式"爱国主义教育的必要性

（一）爱国主义教育面临涉外文化氛围的冲击

1. 长期"嵌入式"的外语学习环境会让青年大学生价值观受到强烈冲击

要想学好一门外语，就必须将自己"浸泡"在纯外文的书籍、报纸、电影、广播、音像制品、艺术表演等外语环境中，这些全方位的文化冲击，势必会将西方文化和价值观中某些糟粕的东西强势植入学生心间，进而影响其世界观、人生观和价值观。调查显示，76.3%的大学生非常崇拜美国大片中展现的"个人英雄主义"情结，甚至幻想自己能成为拥有超能力的超级英雄。

2. "互联网+"时代的迅猛发展加剧了西方文化传播的速度和深度

西方拜金主义、个人主义等腐朽观念的跨国入侵，让很多价值观薄弱的大学生背弃从小接受的中国传统文化教育和主流价值观，动摇了我们从小标榜的社会主义核心价值观。在问到毕业后你希望自己是在外企还是本土企业工作时，54%的同学希望进入外企，因为他们更加认同和向往国外工作的氛围和企业文化。

3. 多语种交织的外语学习环境会衍生出多种文化交融和碰撞，让价值观处于"拔节孕穗期"的大学生非常迷茫

外语院校大学生大多会修第二外语，不同语种背后所蕴含的国家文化、民族情感、政治认同迥异。在日常沟通时，有27.5%的同学经常夹杂所学的外语，67.7%的同学偶尔会夹杂外语，13.5%的同学可以在多种语言中自如切换，语言是价值观输出的表现方式之一，不同语言的自如使用，说明他们对语言对象国的认同感非常强烈，甚至已经融为一体。大学时代是青年学生价值观养成和性格塑造的关键期，他们极易接受新鲜事物，而且思想情感的交流融合和碰撞会非常强烈，如果没有正确引导，信仰极易崩塌和缺失，极易被西方敌对势力"西化""分化"，让爱国主义教育面临巨大挑战。

（二）爱国主义教育战略地位与新时代外语院校大学生的关联

《新时代爱国主义教育实施纲要》的印发再次印证爱国主义教育

已经上升到国家战略的地位，它是一堂"必修课"，没有谁可以是"旁听生"，特别是外语类院校大学生。

1. 外语类院校学生爱国主义素养和民族情怀的高低直接关系祖国的形象

外语类院校大学生在学习期间出国留学深造或者服务项目较多，以天津外国语大学为例，"志愿服务"作为学校最闪亮的名片，每年都会选送不同语种、不同学历层次的几千名大学生分批次参加奥运会、残运会、世界智能大会、中国国际矿业大会、达沃斯论坛等涉外志愿服务，甚至寒暑假还有近千人在国外参与志愿服务和留学项目，其中近三分之一的志愿者会接触到某些国家的政要人物，或者参与涉密机构的文献翻译。毕业以后有更多机会从事外事翻译、外贸服务等，会更加具体地接触涉外工作，在一定程度上会有更多机会走出国门代表国家。作为认识中国的"活名片"，他们的爱国主义情怀直接决定了世界对于中国的认知，试想如果一个翻译技艺精湛的大学生并不热爱自己的国家，那么走出国门的他很快就会投入资本主义国家的怀抱。

2. 爱国主义教育的缺失极易导致留学生走出国门后"有教无国"

众所周知，中国留学生杨舒平在美国马里兰大学毕业典礼上大谈"中国空气让人生病，美国空气新鲜甜美的"演讲，赤裸裸暴露出我们爱国主义教育的问题，爱国主义情怀的培育任重而道远。

3. "苦难教育"的缺失和短期"游学式"接触外国文化极易被迷惑

根据统计调查，外语类学生的家庭平均经济状况要优于其他专业学生家庭。由于家庭条件相对优厚，而且出于自身的语言优势，他们更有意识、有条件去接触外国文化。通常会以假期旅游、访学、留学等形式接触国外文化，所以看到的往往是国外优秀和惬意的一面，对西方社会了解不足。再加上00后大学生大部分都是备受家庭关注的"蜜罐一代"，在和平年代无法想象国家曾经遭受外强侵略、民族屈辱、人民挨饿的那种苦痛经历，这使得他们向往国外的国家体制和生活，对于国内思政课堂上的传统思想政治教育不屑一顾。

（三）"粗放型"的爱国主义教育缺乏时代特色

1. 教育途径单一，教育效果不甚理想

因"填鸭式""满堂灌"的课堂教育已经跟不上新时代外语类大学生信息爆炸、思维活跃的现实情况，他们或从网络上，或亲自去国外体验而产生的那种疑虑感并不是单纯的课堂教学可以解答的，他们需要通过多种途径和学习方式去树立自己的价值观，他们需要在多种与自己成长规律相符合的"体验式"育人活动中了解祖国文化、涵养爱国情怀。

2. 过分强调理论教育的灌输，没有做到"入脑入心"

当代中国发展所创造的"中国速度""中国奇迹""中国力量"让全世界都很羡慕，但是爱国主义教育也面临着前所未有的新形势和新问题，很多高校思政课堂照本宣科的灌输式教育并不能引起学生共鸣，甚至让00后非常抵触，即便课堂讲过、试卷考过，也没有真正刻在心里，甚至会有学外语的同学问："老师，我学习外语将来是要出国的，那我现在为什么要加入中国共产党呢？"这个问题让每一名高校教育者都必须潜心思考。

3. 没有学会正确理性爱国

爱国并不是"抛头颅，洒热血"，也不是去抵制购买外国产品，而是"润物细无声"，让大学生自觉培育主人翁精神，真正了解祖国的命运与世界命运紧紧相连，将自己的个人理想与时代发展相结合，出国学习也好，短期培训也好，都是为了提升自己的核心竞争力，将来回国报效祖国，在国际竞赛或者志愿服务、游学中能遵守外事礼仪，展现"中国风采"，讲好"中国故事"，让全世界通过每一个中国青年学子认识当代新中国。

二、浸润式爱国主义教育和"翻译+宣讲"的育人思想

浸润式爱国主义教育的最大特点是将爱国主义情怀潜移默化地播撒到学生心田，通过教育载体的渗透性、受众体验的深度性和教育成效的持续性，来提升爱国主义教育的实效性。专业知识是大学生学业的根本，翻译对于外语类院校学生是主修课程之一，也是必须掌握的基本技能。通过翻译"楼道热词"展开更多的社会实践，在将"翻译"和专业学习紧密相结合的同时，遵循了大学生成长成才的特点，可以更好地调动外语专业大学生学习外语的积极性，也将翻译与思想引领和社会实践、校园文化建设相结合，让"外语专业+思想政治教育"效能发挥到最大，最终实现爱国主义行动化。这便是爱国主义情怀培育与外语院校学生成长特点相契合的浸润式育人项目应运而生的初心和结合点。

(一)"热词翻译"载体的思想浸润

1. 将翻译"楼道热词"打造成"行走中的爱国主义情怀培育载

体"如"春风化雨"般沁入学生心田

教学楼是大学生最重要的活动与成长空间,选取有爱国元素的词语翻译成不同语言,以"楼道热词"形式张贴出来,无论是视觉观感还是思想内涵都会对同学们产生潜移默化的熏陶,不仅为简单朴素的教学楼添加了亮丽的风景线,更为大学生营造了新鲜的视觉环境,使其在校园里随时感受到"爱国主义"氛围。

2. 通过翻译引领大学生实现自我认知和探究的内在成长

翻译过程不仅是对自己学识上的精进,更是对文化思想碰撞的一种博弈和思辨,同时,它还是自发求知的内心渴望,属于探究自我成长的过程。翻译"楼道热词"并不同于单纯地翻译文章,其功能在于让大学生将自己所学的外语"转换"成一种楼道文化,直击译者的灵魂,非常契合当代00后大学生接受新鲜事物和"新奇快"的心灵诉求,正向引领其树立正确的价值观念。

(二)"实践宣讲"中的深度体验

1. 激发学生自我参与的积极性和主动性

外语类院校学生结合所学语言文化知识,向普通民众宣传"一带一路"倡议和沿线国家文化,项目创新引入体验式文化宣讲,即通过外文歌舞表演、民族风情特色物品展示、知识竞赛游戏等形式,让不同年龄段的受众人群感受祖国繁荣昌盛的变化,并在寓教于乐中引导受众"入脑入心",从而引导学生在深度体验中,锻炼自己的能力,升华爱国思想,也在潜移默化中树立了自己热爱祖国建设国家的主人翁意识,迸发爱国情怀,与祖国同成长。由此可见,用实践去研究、用行动去思考的方式,实现了浸润式、常态化的实践育人。

2. 激励青年学子深度思考，将个人发展融入人类命运共同体的构建之中

爱国主义情怀并不是仅仅热爱自己的祖国，最终会升华到人类命运共同体建设上。如"实践宣讲"吸纳了爱好京剧表演和外国留学生的加入，让爱国融入了更多的文化元素，让留学生也有一颗"中国心"，同时让宣讲团的青年学子在中外文化的比较中，真正了解爱国的时代内涵和深层含义。

（三）项目育人的持续性

1."热词翻译"的初心激励学子接续奋斗

"热词翻译"遵循"信""达""雅"，而"信达雅"最早来源于著名爱国翻译家严复先生，大家关注的不仅是他翻译著作时的精准造诣，更是他崇高的爱国精神。一百年前，他通过翻译西方学术著作和创办学堂，苦心探索救国道路。"爱国是最深沉、最有力量的情感。"他的这种爱国精神直击一代又一代翻译学子的内心灵魂，润物细无声地将爱国的种子种在了学生们的心田。一代人有一代人的接力棒，一代人有一代人的爱国情怀，当代青年学子应该接过这个接力棒，发挥自己的"专业+语言"的特长，用自己的力量传承爱国情怀。

2. 项目育人与人格培育的接续性

天津外国语大学的青年学子们学以致用，积极参与，将党和国家的大政方针、最新的思想动态翻译出来，形成一道独特的楼道文化风景线；"一带一路"沿线国家文化宣讲团，也从最初的社团内部

小组组团翻译发展到现在开展全校性的活动，两年来，50 场文化体验式宣讲，多达 2568 人受益。每一次线下选题、线上沟通、集体备课和外出实践，都是思想文化和自我成长之路上的一种灵魂对话，是一种人格修养的提升。

三、结论和展望

爱国是一个国民在情感上的终极追求。"热词翻译"让同学们在每次的翻译中不断提升翻译素养的同时，加深了同学们对祖国的热爱，使他们树立起为祖国奋斗终生、传承中国故事、做最棒的翻译官的远大志向。"体验式宣讲"让同学们在实践中学会爱国，撰写调研报告，用数据说话，亲历祖国的变迁，树立为祖国贡献智慧和力量的决心。

爱国并不是一件小事，但是爱国可以从小事做起，"楼道热词翻译"和"实践宣讲"其实都并不是多么伟大的事情。但同学们只要坚持，只要从一点一滴积累起来，就会从这些活动中体会到爱国主义情怀。

爱国要持之以恒，也要历久弥新。"热词翻译+实践宣讲"之所以从社团活动变成一个全校性的活动，引发和推动全校关注国家政策，在于每一次的活动中都有不同的体验和收获，也在于将新时代的特色融入其中。

总之，"楼道热词翻译+实践宣讲"的隐性育人，通过浸润式交互体验过程，承担了大学生爱国主义情怀的培育功能，从某种意义上说，浸润式隐性育人项目有助于将爱国主义推向更深层次，因而富有强大生命力，让爱国主义情怀一点一滴浸润到 00 后的心田。

第五章　全球素养培育与重点领域就业

第一节　大学生国际能力与就业难点研究

一、培养大学生国际能力的背景与意义

随着全球化的进一步加深和中国的快速崛起，中国急需大量具有国际能力的人才。在此背景下，很多大学由于办学背景和专业对口，对大学生的国际能力培养提出了更高要求。其中，外语外贸类院校的外交学与外事管理等专业致力于通过专业课程、模拟实践平台及相关系列活动，全方位地锻炼学生的综合素质和国际能力。

世界各国间的联系日益紧密，国家间交往的深度和广度不断扩大，国际往来的议题从传统的军事、政治领域扩大到经济、文化领域，参与主体不断多元化。在这样的新形势下，国际社会对具备国际能力人才的需求不断增加。经过四十多年的改革开放，我国经济

总量稳居世界第二，在国际舞台上发挥着愈加重要的作用。中国需要具有国际能力的人才。

以外交学院为例，根据外交学院历时 17 个月，对不同年级、不同专业、不同成绩段的学生国际能力的差异进行研究，发现结果如下：

从人的认知规律来讲，一方面，"技能"的习得不需要过长的时间，同时也不具有稳定性。作为跨文化能力中重要内容的语言能力和使用工具能力都是可以通过背诵单词、大量练习等方式在短期内获得较快的提升。另一方面，"态度和价值观"的形成往往需要长期积淀而形成，同时，它是基于个体的知识、情感、态度等方面形成的。"态度和价值观"一旦形成便具有很强的稳定性，在短时间内的变化是微小的，且对人的实践行为具有很强的指导作用。

外交学院在课程设置中安排课时量大、层次丰富的英语课程对于"跨文化交际能力"的显著作用在动态调查中又一次得到证实。男女生的国际能力提高程度基本相当，可以反映出该校外交学与外事管理专业学生中，男女生能力均衡，年级因素则有较大的差异。大三学生在学生组织和社团工作中能够得到更多机会锻炼综合素质，有机会参加更多的比赛、活动、会议、论坛等，同时交流交换项目基本都安排在大三年级，给了学生更好的锻炼环境，排名前三分之一的学生国际能力有较大幅度提高，排名后三分之一的学生国际能力的提高程度则几乎是排名前三分之一学生的两倍。

在国际交往深度和广度不断扩大、国际议题不断延伸、参与主体多元化的新形势下，在我国国际地位不断提升的大背景下，我国对于具有国际能力人才的需要更是前所未有的。外语外贸类大学作为主要培养国际化人才的孵化器，应该持续重点关注学生国际能力的培养，通过培养外交外事人才服务于中国特色大国外交，助力实现"两个一百年"奋斗目标、实现中华民族伟大复兴的中国梦。

二、就业现状与困境

就业一直是高校学生工作的重点与难点，大学生群体的就业问题是关乎千家万户的民生问题，也是国家政策关注的焦点，对于维护社会经济持续健康发展、维护社会稳定具有重要意义。对于高校来说，毕业生的就业，是人才培养的导向与最终目的，是学校长足发展的关键。而对于大学生自身来说，清晰的就业规划、明确的就业意愿，有助于大学生实现自身价值并发挥社会责任。

目前，学生存在着就业难的问题。基于就业工作实践，分析就业工作中存在的就业需求与就业实际分离的困境，探索就业难的原因，从而倒推人才培养的改革。

自高等教育扩招以来，高校招收人数激增，全国高校毕业生规模逐年扩大。2017年至2020年间，我国高校毕业生人数从795万人快速增长到874万人。从数据上看，高校毕业生就业人数增多，岗位竞争激烈，就业形势越发严峻，这给高校就业工作也带来相应的压力与挑战。

从辅导员以及学生的就业感受来讲，就业难确实是一个不争的事实，就业难，难在不是找不到工作，而是绝大多数同学找不到好工作。而什么是好工作？这个好工作的标准是以能发挥专业优势、具有良好的个人发展前景等因素来确定的。

三、以考研为例分析就业难的原因

（一）就业结构定位不明晰

从就业结构来看，考研升学率远远低于就业率及其他类型，虽然大量学生期望继续深造，但实际上，我们培养的大学毕业生大部分走向了就业。而国内一些知名高校，在就业结构上，更加注重升学与人才的深造。

由清华大学、北京大学、复旦大学等 9 所高校组成的九校联盟公布的《2016 年度毕业生就业质量报告》显示，联盟内所有高校，本科生的国内升学率均高于 30%，高校将培养更高层次人才作为人才培养的重要方向，深造升学成为学生的主流选择。从 2018 年"大街网"发布的《2017—2018 高校就业报告》中也可以看到就业的不同方向，本科生中，"985 工程院校"及"211 工程院校"毕业生的就业（签订工作）比例明显低于平均水平，毕业后继续学习深造是这类高校学生的主流选择。在"985 工程院校"这一现象尤为明显，其继续学习深造的占比超过了就业比例，即国内升学和出国学习的比例超过总体生源的一半。高校的发展与人才培养息息相关，就业质量反映着人才培养的质量，在高等教育普及的今天，培养更高层次的人才则成为高校更为突出的任务。

（二）以就业结构为导向的人才培养模式尚未形成

由于就业结构定位不明晰，对于高校就业工作来说，学生只要能够找到工作，便是对人才培养成效的认可。但是，从长远来讲，就业质量才是人才培养所追求的目标。但目前，尚未形成以就业结构为导向的人才培养模式，教育针对性不够强。社会经济越往前发展，国家与社会对高层次人才需求越旺盛，很多城市为了吸引和抢夺高层次人才，纷纷出台优惠政策。社会环境对学历要求越来越高，学生也迫切希望通过考研来提升学历，获得更多就业机会。目前专业教育中，更注重专业基础和技能的培养锻炼，考研升学尚未形成体系。

（三）学生就业目标模糊

从此前对大学生就业意愿的统计中可以看出，大学生在就业选择上的一个突出现象，即扎堆考研。学者们对新媒体环境下高校新闻专业学生就业前景进行了分析，指出新闻专业学生除选择传统媒体及创业外，另一个就业前景是通过考研提升专业理论知识学习与综合能力，提升学历进入高校就业。在多种因素的推动下，选择通过考研升学的人数激增，但考研升学率却不高，较多学生选择"二战"甚至"三战"考研，大有"不破楼兰终不还"的决心。很大一部分同学为了逃避就业压力，跟风考研，就业目标不明确，就业规划和就业教育还有待提升。

四、以就业结构为导向的人才培养模式转变

解决就业的难点，要从转变就业结构入手，清晰人才培养定位，从而倒推人才培养模式改变以适应需求。从就业结构角度出发，应充分考虑学生就业需求，改变人才培养模式，开展更为专业性、更有针对性的教育。

一方面，从教育者的角度出发，以就业结构为导向，能够更加清晰地确认人才培养目标，更有针对性地制定人才培养方案，开展更多更精准的专业教育。同时，充分将社会需求纳入人才培养中来，了解社会与行业发展的需要，才能培养出更多适合时代发展的可用之才。

例如，本科教育的作用决定了本科教育是研究生教育的重要基础。没有优秀的本科毕业生，研究生教育就没有高质量的"毛坯"和"种子"，就成了无源之水、无本之木，就无法培养出优秀的高层次人才。普通高等学校本科教育的作用决定了本科教育除了为社会输送就业的人才，还要为培养更高层次的人才打基础，为研究生教育输送专业知识扎实、理论视野开阔、专业技能过硬的可塑之才。从考研的角度来看，在人才培养模式中，考研给予学生更多就业支持，通过考研升学率的提升，从而促进就业率的提升，在一定程度上缓解了就业压力，改善了就业结构，提升了就业质量。

另一方面，从学生角度来看，清晰的就业目标与就业方向，可以帮助学生树立明确的发展目标。从大一进入学校便将专业培养及培养目的融入学生的学习规划中，能够使他们较早地确定大学目标，摆脱迷茫。另外，充分了解学生的就业需求，发挥学生的主体作用，通过目标分类确定专业指导，帮助学生完成学业规划，培养夯实知识基础。如采用问卷调查方式，对大一到大三年级学生进行考研的意愿及动机研究，了解学生考研的心理与考研基础，找出影响考研的原因及问题。在此基础上，将以下举措纳入人才培养内容：一是在入学教育中开展考研教育；二是加强教师对考研学习群体的专业指导，培养学生专业知识、英语水平与政治素养以及学术思维等能力；三是组建学长学姐导师团，联系已通过研究生考试的高年级学生、毕业校友，开展考研咨询和考研辅导，实现"传帮带"；四是每年开展学院层面的考研学习评审，有针对性地提升本校学生的考研竞争力。

同时，将思想政治教育贯穿人才培养始终。《关于加强和改进新形势下高校思想政治工作的意见》文件中提出"三全育人"概念，提出坚持全员育人、全程育人、全方位育人，加强学生学业就业指导，帮助大学生顺利完成学业。在"三全育人"的背景下，将思想政治教育融入人才培养全过程，与专业教师一起，了解学生就业心理，整合教学资源，探索就业率的提升路径，优化人才培养结构，进一步提升就业质量，力求坚持正确政治方向，促进专业知识教育与思想政治教育相结合，用知识体系教、价值体系育、创新体系做，倾心培养建设者和接班人。掌握学生就业期望与动机，依托人才培养机制的建设与完善，加强教师对学生的专门性指导，充分激发学生的主体性，提升学生发展竞争力，切实推动就业质量提升。

习近平总书记在全国高校思想政治工作会议上的重要讲话中提出"培养什么样的人、如何培养人以及为谁培养人"这个高校思想政治工作的根本问题。"培养什么样的人"既是高校思想政治工作要首先解决的问题，也是思想政治教育的导向问题，明确人才培养目标，才能进一步回答"如何培养人"这个问题。因此，在全方位、全过程育人环节中，就业工作与人才培养计划应有机融合，将"培养什么样的人"问题贯穿人才培养的始终，推动人才培养方案落地，从根源解决就业出口，克服就业工作难点，培养出党和国家需要的高素质人才。

第二节 国际组织就业指导策略

一、工作坊"PDCA"模式下开展国际组织就业指导的意义

工作坊最早被应用在教育和心理学的相关研究领域，根据团体动力理论，采取群体辅助的方式、技术，与参与对象互动，通过团体辅导、讨论等途径，激发参与者的潜能，帮助其认识自己、完善自我、提高能力，特点是实践性强，便于充分交流，启发人们的思维。这种模式以团队参与者为中心，能够积极地调动参与者的自主性，重点培养参与者发现问题和掌握有关知识、实践技巧的应用能力。通过场景模拟训练，提供探讨的平台，促使不同背景下的成员交流和思考。参与者有强烈的参与感和获得感，团体的动力可以帮助提升个体与群体之间的交流、沟通能力，提高自我认知能力。目前，工作坊在各领域都有越来越多的应用。工作坊模式应用在高校就业指导工作中比较少，在国际组织就业指导方面仍然是创新性的探索和实践。

"PDCA"最早由美国质量管理专家爱德华兹·戴明（W. Edwands. Deming）提出，又称为"戴明环"。含义如下：P（plan）——计划，确定方针和目的，确定活动计划；D（do）——执行，实施，执行计划；C（check）——检查，总结实施计划的成果，注意效率；A（action）——行动，处理总结检验的成果，对经验的肯定和适当地

推广；分析和总结失败的经验，将仍未解决的问题纳入后续的"PD-CA"循环中。

（一）下好全球治理人才输送的"先手棋"

当今，国际情况正处在深刻的调整阶段，国际组织逐渐成为制定全球规则、协调多边事务、分配国际资源的重要平台，尤其在全球抗击新冠肺炎疫情时期，全球治理系统影响着世界各国的发展。当前，世界正处于百年未有之大变局，中国正走向世界舞台的中央，参与了许多国际政府和非政府之间的组织活动，但是我国在国际组织的参与度不够高，人才基础十分薄弱，还有很大的发挥空间，国际规则的制定与完善也需要中国的深入参与。因此，如何切实地发挥中国在国际舞台的全球治理作用，贡献中国智慧，传播中国主张，提高中国的全球治理系统话语权，成为非常重要的战略任务。

国际组织的人才资源是一个国家软实力建设的重要组成部分。习近平总书记强调，"要加强全球治理人才队伍建设，突破人才瓶颈，做好人才储备，为我国参与全球治理提供有力人才支撑"。为响应全球治理人才的急切需要，更多高校致力于培养拥有家国情怀、全球视野和世界竞争能力的高层次人才，积极探索全球治理人才的培养新途径。就业指导是全球治理人才培养过程的"最后一公里"，起着至关重要的作用。

（二）激活高校重视国际组织就业的"新动力"

我国国内高校不少师生对国际组织了解不够，对国际组织方向的就业工作关注较少，以至于队伍建设基础薄弱。新时代，高校大学生对国际组织有浓厚的兴趣，但是无法畅通知识供给通道。部分高校在"国际组织就业指导方向"仍然存在大片空白，存在对国际组织人才推送工作的重要性认识不足、宣传较少等问题，无法促使更多青年大学生积极加盟国际组织。基于"工作坊"模式为毕业生开展国际组织就业指导，有助于为国际组织输送更多优秀人才，能够提高中国在全球治理体系中的话语权。

（三）夯实学生任职国际组织的"基本功"

国际组织对人才胜任力的要求具有很强的特点，与其他就业单位有着明显的区别。联合国框架下的全球胜任力包含核心价值观、领导管理力和核心胜任力三个层面。国际组织对人员的要求，不单是技术、专业等方面的，更重要的是具有国际化人才所必需的交流能力、管理能力和包容性的思维，善于与利益相关方和来自世界各个国家的不同人交往，高度认识多元文化，践行志愿精神和社会实践。在团队合作能力方面，保持谦逊、谨慎、认真的态度。国际组织更强调在跨文化方面所需的某种能力，如伙伴关系、团队精神、合作、交互、彼此尊重和理解等。团队的可持续发展目标需要每个人共同参与实现。项目的成功依赖于整个团队的工作，需要善于与别人积极合作，尊重不同的观点，在意见分歧时寻找合适的解决办法，实现共同合作目标。

现在，在国际组织就业市场上存在明显的供需矛盾，学生对国际组织不了解，对其应聘要求不明确，更无法有针对性地提高与国际组织相匹配的素质。目前，虽然部分高校开展了以职业生涯规划、毕业生就业创业指导等为主题的工作坊，但是"国际组织就业"背景下的特色就业指导工作坊非常少见。

已有的实践表明，在就业指导工作中，应用工作坊模式，通过设计的模块化指导，可以对毕业生的就业提升起到明显的促进作用，有效提升其就业质量。一是提升人际交往和沟通能力。通过群体辅导，成员可以模拟出与之相似的"真实"环境。在高度模拟的环境下，学生能够真实经历人际交往中容易遇到的问题，提高交往能力。二是促进积极的自我认知，提升综合素质。结合学生的身心发展需要，通过在团体辅导活动中进行交流和互动，成员们更容易在就业指导中获得反馈和建议，有效消除学生被孤立的感觉，从而树立自信心。因此，建立一个以国际组织就业指导为主题的特色工作坊，有助于学生的就业能力得到全面提高，做国际组织人才输送的"最后一公里"，为全球治理人才的培养做出贡献。

二、工作坊"PDCA"模式下开展国际组织就业指导的实践研究

以工作坊为基础的国际组织就业指导，应以国际组织应聘的要求及特点为就业的导向，从工作坊队伍建设、平台建设和基于"PD-CA"的内容实践三个层面进行研究与实践。根据学生的不同需求打造不同主题的工作坊，可以有效地开展实践培训，帮助学生了解和掌握在国际组织任职的基础要求，助力有志于赴国际组织任职的学生更好地掌握国际组织的申请技巧、任职素质要求等，持续提升其求职能力。

（一）聚焦"专业化"，推进国际组织就业指导专职队伍建设

打造专兼结合的国际组织就业指导的导师团队。聘请国际组织

高官或有丰富实践经历的国内外学者、专家和校友为导师，综合学校内部教师资源，打造质量高、专业精湛的导师队伍，为学生提供多角度、多层次的指导内容。实行集中培训，有计划地选派教师进行国际组织就业培训，使工作坊教师团队提升专业性水平，掌握国际组织的就业程序、认知能力要求等，不断提升教师的理论与实践能力，为学生提供实战型的指导内容。组建国际组织导师和专业人才库，定期邀请导师进行工作坊课程设计，参与人才培养和就业指导的过程，实现全方位合作育人。工作坊也可以为国际组织导师与校内教师交流提供平台，拓宽校内就业指导教师的人脉广度和知识宽度。学生通过这一系列指导，能够不断提升任职国际组织的素养和要求，使自身能力符合国际组织职位的需要。

（二）聚焦"广覆盖"，开展"1+2+3+N"多层次、多梯度平台建设

"1"是指成立一个"全球治理与国际组织发展协会"学生团体，"2"是指组建两级学校就业指导中心和学院国际组织就业指导中心，"3"是指分为低年级、高年级和毕业生三个群体，分析其需求和求职困惑，集合校内外资源和力量，精准开设主题工作坊。"N"指的是全面梳理申请流程、任职素质、面试实战、YPP 考试、对话高管、模拟谈判等 N 项就业指导资源，开展 N 个主题工作坊。

"全球治理与国际组织发展协会"是由校内学生自发组建、自主管理的非营利性学生社团，旨在提升学生的爱国情怀、国际视野和国际化水平，增进其对国际组织的了解和促进能力培养，为有志于赴国际组织实习任职的同学提供平台。校、院两级就业指导工作坊

充分覆盖到全校各学院，加大校、院级层面的宣传力度，通过海报、网站和微信公众平台等方式发送就业指导信息和国际组织的招聘信息。学校层面主要解决咨询的共性问题，学院层面结合了学生的专业背景及特色，能够对本院学生的个性化就业提供具体的指导。

根据不同年级的学生特点，开设三类学生群体精准指导的工作坊。一是低年级职业探索工作坊，针对还未确立明确目标的同学，宣传国际组织的工作内容和任职要求，拓展学生的国际视野，引导学生思考长远的职业生涯目标。可以邀请有国际组织任职经验的校友、老师来课堂上分享工作内容、工作环境、求职经历和感受等。二是高年级工作坊，召集有志于赴国际组织工作的高年级同学，匹配相关资源和培训，提升他们赴国际组织工作所需的素质和能力，鼓励学生丰富海外经历和国际组织实践经历。开办"在全球化中共同学习与工作的价值观"研讨会，探索在多元文化环境下，如何与世界各国的同事们合作，适应职场环境。讲解国际组织的用人标准和要求，让学生提前了解国际组织的真实情况，提前确立求职方向。三是毕业生工作坊，针对正在找工作的毕业生，发布国际组织长期实习和工作招聘信息，为毕业生求职提供帮助，开设对话高官、简历修改、模拟谈判、申请流程、模拟面试等主题工作坊，有效提升应聘实战技能。还可将思政元素融入就业指导中，开设家国情怀思政工作坊，通过"红色放映室"等方式增强学生的爱国主义信念，发挥思政教育的价值引领作用，激发求职国际组织的动力。

（三）聚焦"强实效"，以"PDCA"夯实工作坊实践内容为基础

工作坊根据不同学生专业发展的阶段及水平，以三个层次的学

生需求，根据 N 个工作坊主题，以线上或者线下方式开展互动交流与真实场景的模拟演练，增强工作坊的趣味性和实战性。国际组织就业指导工作坊的具体实施内容按照"PDCA"的循环，可分为如下阶段：

一是计划阶段，策划工作坊主题，设计流程。在导师库中招募工作坊的领导者，包括教师或嘉宾。依托全球治理与国际组织发展协会，通过学校、院级层面精准通知，在全校范围内招募有意向加入国际组织的同学，组成共同目标求职团体。学生根据自身需求选择感兴趣的工作坊，每次参与人数限制在 20 人以内，如果人数较多，可以开展多期工作坊。

二是实施阶段，根据工作坊主题和流程的详细策划，实施活动。首先，通过"破冰"活动，营造群体的氛围，使参与学生状态由封闭变为开放，根据自我认知、国际组织了解、就业能力和职业适应等工作坊的主题，设计国际组织实际工作场景模拟、职业素养提高等环节，开展高仿真国际组织模拟求职训练，采用团体讨论、头脑风暴、角色扮演等方法，进行团体辅导。其次，教师组织学生积极地展示和讨论，引导学生以面试者的角度来思考、总结和反思，强化学生的情感和参与经验。最后，学生复盘活动收获，老师给出系统的总结和点评。教师应关注所有成员的参与和互动，确保每个学生都能积极参与，如果个别学生有疑问，教师应积极地引导他们。

三是检查阶段，总结复盘，对工作坊活动的效果进行评估。常用的评价方法有全程观察、现场评估总结，向所有参与的学生发放调查问卷，收集活动反馈的信息，并且归档留存。

四是行动阶段，对工作坊检查的结果进行总结，肯定成功经验，分享学生的收获，在微信公众平台等渠道进行推广；总结本次活动的不足，把尚未解决的问题放入未来的"PDCA"循环中。工作坊结束后，鼓励学生自主学习和持续提升，在活动结束后仍然不断满足他们的求职需要，将校内外资源进行整合，开展"职业生涯人物访谈""线上直播看联合国"等活动。邀请有国际组织实习经验的同学开展讲座专题分享、技能培训，输出成功经验，从而促进学生的成长。应用"PDCA"质量管理方法能提高学生的参与质量、主讲教师的工作积极性，能够评估和持续改进工作坊的就业指导工作效果。

　　总之，国际组织人才输送作为重要的国家人才战略之一，高校在国际组织方向的就业指导工作对我国全球治理人才基础建设具有非常重要的意义。目前国内大多数高校在国际组织就业指导方面的工作比较薄弱，仍需不断提升工作水平。基于"PDCA"的工作坊具有形式灵活、效率高、效果显著等优势，高校通过建立国际组织人才职业发展平台，可以实现国际化人才培养和推送"并轨"，让毕业生对国际组织的认识更加充分。高校深入参加全球治理人才培养与推送工作，可以提高学生国际化就业能力，为国际组织培养与输送更多杰出人才。

第三节　全球素养培育课程

　　2020年年初疫情暴发，冲击着我国经济社会的正常运行，对各领域的不同群体都产生了不同程度的影响，其中2020级高校应届毕业生是受影响较大的群体。2020 年，我国高校应届毕业生 874 万人，同比增加 40 万人，再创历史新高①。应届毕业生的叠加本就加剧了毕业生的就业形势，疫情的暴发更为毕业生的就业前景增加了不确定因素。面对大学生就业难的困境，有学者把"说难不难，说不难也难"的尴尬现象总结为"有效供给不足与无效供给过剩的矛盾现象"。而产生这一矛盾的主要原因，就是大学生的就业能力严重不足。

面对这一现象，国外经过深入研究，提出"大学生职业生涯规划"理念，将职业生涯规划教育全程化，帮助大学生顺利就业。我国自 20 世纪初从西方引入大学生职业生涯规划理念，开设就业指导相关课程，但起步晚，发展慢，对大学生的就业助力微乎其微。因此，在就业竞争如此激烈的今天，只有构建更全面、更完善的大学生职业生涯教育体系，以全球素养课程为核心，让大学生将职业生涯规划、决策能力内化成为一种素质，全面认清就业形势和自身特点，全方位提升自身素质，才能缓解大学生就业压力，破解大学生就业困难的难题。

一、研究综述

从发展历程来讲，职业生涯规划教育源于西方发达国家。受西方发达国家的影响，20 世纪初期，我国职业指导开始萌芽。1916年，时任清华大学校长的周寄梅在大学生职业选择中首次将心理测试方法应用于"生涯规划"课程辅导。2000 年，由北京市学联等发

---

① 李春玲. 疫情冲击下的大学生就业：就业压力、心理压力与就业选择变化［J］. 教育研究，2020（7）：4-16.

起的八所在京高校"2000年大学生生涯规划"活动，受到首都大学生的普遍欢迎。随后，全国高校开始增设职业指导课程与讲座。

与西方发达国家相比，尽管职业生涯教育在我国萌芽较早，但中间经历了长期的停滞期，尽管目前国内学者对大学生职业生涯教育愈加重视，但学术界中关于职业生涯规划的研究成果并不多，主要体现在学习发达国家先进经验，研究职业生涯教育的背景与意义、问题分析、策略探讨等方面。例如，周成军结合美国与加拿大两国的教育现状，阐释我国大学生职业生涯规划中存在的问题，并提出意见与建议[①]。于东江从职业生涯规划的意义出发，认为职业生涯规划教育可促进大学生自我全面发展、提升大学生的综合素质，培养大学生创造力、竞争力，有助于提升大学生的主体意识，进而有助于大学生理性地认识、评价自我[②]。张春琴从大学生职业生涯规划教育的问题出发，认为当前大学生职业生涯规划教育，不仅没有特定的职业生涯规划师，一般由做学生工作的教师或思政辅导员对大学生进行职业生涯规划教育指导，而且教师数量严重缺乏，教育缺乏针对性，效果得不到保障[③]。

这些学术成果基本都是从高校的视角出发，从大学生视角对大学生开展职业生涯规划进行阐述的研究较少，从实证的角度对大学生职业生涯规划影响因子进行深层次的剖析，从而建构全新大学生职业生涯规划体系的更少。

---

① 周成军. 中外大学生职业生涯规划教育比较研究 [J]. 当代教研论丛，2016 (3).
② 于东江. 高校开展大学生职业生涯规划教育的必要性和措施 [J] 教育与职业，2010 (1)：72-73.
③ 张春琴. 大学生职业生涯规划教育的实践探索 [J]. 教育学术，2010 (6)：64-65.

（一）研究内容

1. 因变量

职业生涯规划是指对职业生涯乃至人生进行持续的、系统的、计划的过程。要制定职业生涯规划，首先要分析个体情况，考虑当前机遇与挑战，为个体确立职业发展目标与方向选择职业道路，制定发展计划。本研究重点为大学生职业生涯规划，因此其因变量就是大学生职业生涯规划的制定与实行情况，换言之，就是大学生是否拥有职业目标，是否有发展计划。

因此，本文的因变量为分类变量，共分为四类，分别为：有明确职业理想，有详细计划；有明确职业理想，有大概计划；有大概职业理想，没有制订计划；没有理想，没有计划。研究显示，有明确职业理想有详细计划的大学生比例为 11.40%；有明确职业理想、有大概计划的大学生比例为 49.78%；有大概职业理想、没有制订计划的大学生比例为 29.39%；没有理想、没有计划的大学生比例为 9.43%。

2. 自变量

对于个体生涯决定或职业生涯选择的原因，一直是研究职业生涯发展的专家学者关注的话题。社会学家注重环境的影响，心理学家则相对强调个体内在的发展。

在借鉴以往研究成果的基础上，基于从事多年学生工作经验的基础，研究认为，克朗伯兹（J. D. Krumboltz）兼顾心理与社会的观点，可以对大学生职业生涯规划的影响因子予以解释。在克朗伯兹看来，影响职业生涯决定主要有遗传因素与特殊能力、环境的情况与事件、学习经验这些因素交互作用，从而影响个体的职业生涯选择。在该理论的基础上，本研究认为，性别为遗传因素，专业类别为特殊能力；年级、是否为重点高中的学生、是否为学生干部、专业、实习经历、父母教育水平为环境因素与事件；学习成绩、对职业生涯规划的认知、学校职业生涯规划教育为学习经验。这些因素会对大学生形成明确的职业生涯规划产生影响。

（1）遗传因素与特殊能力

性别。一般而言，男生看待职业生涯规划的态度会比女生更自信、更积极。传统意义上，理工类大学生更善于制订计划。

（2）环境因素与事件

年级。随着年级的升高、专业知识的深入与实践活动的锻炼，大学生对自身职业生涯规划会越明晰。重点高中的学生生源相对较好，学校对学生的培养更为全面，因此对职业生涯规划的认可程度越高。由于学生干部有更多机会参与、组织高校的校园文化活动，与社会接触的机会更多，因此获得的信息更广。

实习经历。校外非学分性质的实习经历，会对学生的人生起到一定的引导作用。

父母教育水平。父母教育水平直接影响孩子的整体认识水平。

（3）学习经验

学习成绩。普遍意义上来说，学习成绩越好的同学，对自己的要求越高，对自己的目标越清晰，也就对职业生涯规划的参与更为积极。

职业生涯认知。对职业生涯认知程度越高的大学生，更倾向于根据自身发展目标制订相应的计划。

高校职业生涯教育。高校若拥有职业生涯规划咨询指导中心或开设系统和专业的职业生涯规划课程，那么其大学生对职业生涯知识的来源以及受到职业生涯规划的教育就越系统，就越可能参与职业生涯规划。

（二）数据来源

本研究使用的数据来自 2020 年 1 月至 2020 年 6 月对浙江省 7 所高校开展的随机调查问卷。考虑到学校分布、经费状况等问题，在调查过程中，本研究对每个学校的样本数进行控制，获取样本数 943 个，而在本研究中，由于部分缺失值的影响，删除 32 个样本，最终对 911 个样本进行统计分析。

三、研究发现

（一）大学生职业生涯规划教育现状

1. 大学生普遍认同职业生涯规划的重要性，但对职业生涯规划了解程度一般

统计结果显示，37.61% 的大学生认为大学生职业生涯规划非常重要，50.66% 的大学生认为大学生职业生涯规划比较重要，10.86% 的大学生认为大学生职业生涯规划重要程度一般。但问及大学生对职业生涯规划的了解程度，22.70% 的大学生表示对职业生涯规划非常不了解，24.12% 的大学生表示对职业生涯规划不了解，46.60% 的大学生表示对职业生涯规划了解程度一般，仅 6.58% 的大学生表示

对职业生涯规划非常了解。

2. 绝大多数大学生对大学阶段学习职业生涯规划的必要性表示认同，但参与大学生职业生涯规划的积极性并不高

统计结果显示，88.05%的大学生认为大学阶段学习职业生涯规划是非常必要或者是比较必要的，仅0.99%的大学生表示大学阶段学习职业生涯规划是比较不必要或非常不必要的，但当问及截至目前共参加过几次大学生职业生涯规划教育时，仅8%的大学生表示参与过5次以上，16.34%的大学生表示参与过3至4次，62.39%的大学生表示参与过1至2次，13.27%的大学生表示没有参与过。

3. 绝大多数大学生希望接受专业的职业生涯规划指导，但学校开设职业生涯规划咨询指导中心的现象并不普及

统计结果显示，34.10%的大学生非常希望接受职业生涯规划专业指导，44.74%的大学生比较希望接受职业生涯规划专业指导，仅2.30%的大学生表示比较不希望或非常不希望接受职业生涯规划专业指导。但询问大学生学校是否开设了职业生涯规划咨询指导中心时，仅56.69%的大学生表示学校开设了职业生涯规划咨询指导中心。

4. 近一半大学生认可学校职业生涯规划教育，但对学校职业生涯规划课程评价一般

统计结果显示，11.73%的大学生表示学校职业生涯规划对自己几乎没有影响或影响较小，46.71%的大学生表示学校职业生涯规划对自己非常有影响或影响比较大，41.56%的大学生表示学校职业生涯规划对自己的影响一般。当问及学校职业生涯课程内容是否丰富、效果是否明显时，仅21.38%的大学生表示内容丰富、效果明显，52.30%的大学生认为学校生涯规划教育内容一般、效果一般。

（二）大学生职业生涯规划影响因素

为了更好地了解可能对大学生制订职业生涯规划产生影响的因素，本研究使用多类别对数比率回归模型进行分析，以"没有职业理想，没有计划"为参照对象，共建立三个统计模型。根据统计结果，可以发现性别、专业、学生干部经历、实习经历、父母学历、学习绩点、生涯规划认知程度、学校是否设立咨询指导中心以及学校的职业生涯教育课程内容均会对大学生职业生涯规划产生不同程度的影响。

从遗传因素与特殊能力来说，就性别来看，与"没有职业理想，没有计划"相比，男生选择"有明确职业理想，有详细计划"的发生比是女生的2168倍，该系数在95%的水平上显著，也就是说男生比女生更富有职业理想和规划。就专业来看，与"没有职业理想，没有计划"相比，理科生选择"有明确职业理想，有详细计划"的发生比是文科与其他专业的47%，该系数在95%的水平上显著，也就是说，文科与其他专业的学生更富有职业理想，也更倾向于制定职业生涯计划，换言之，理科生并没有因为专业性质更喜好于制订职业生涯计划。

从环境因素与事件来说，年级是否为重点高中对大学生是否富有职业理想、是否制订人生计划没有显著相关性。但学生干部经历、实习经历、父母学历对大学生是否富有职业理想，是否制订人生计划显著相关。就学生干部经历而言，担任学生干部的种类每增加一类，与"没有职业理想，没有计划"相比，选择"有明确职业理想，有较详细计划"发生比会提升34.1%，选择"有明确职业理想，有详细计划"发生比提升 40.7%。就实习经历而言，与"没有职业理想，没有计划"相比，有实习经历的大学生选择"有大概职业理想，有大概计划"发生比是没有实习经历的大学生的 50.1%，该系数在 95%的水平上显著；与"没有职业理想，没有计划"相比，有实习经历的大学生选择"有明确职业理想，有详细计划"发生比是没有实习经历的大学生的 60.7%，该系数在 90%的水平上显著，换言之，实习经历多的大学生，反而缺乏职业理想与制定职业生涯规划的想法。就父母学历而言，父母学历每增加一级，与"没有职业理想，没有计划"相比，选择"有明确职业理想，有较详细计划"发生比会提升 12.3%，选择"有明确职业理想，有详细计划"发生比提升 16.9%。也就是说，父母学历对大学生是否富有职业理想、是否制定职业生涯规划有着较大的关系。

从学习经验而言，学习绩点、职业生涯规划认知程度、学校是否设立咨询指导中心以及学校的职业生涯教育均对大学生职业生涯规划产生不同程度的影响。就学习绩点来说，学习绩点每提高一个单位，与"没有职业理想，没有计划"相比，选择"有明确职业理想，有较详细计划"发生比会提升 42%，选择"有明确职业理想，有详细计划"发生比提升 20.6%。从生涯规划认知程度而言，与"没有职业理想，没有计划"相比，选择"有明确职业理想，有详细计划"发生比提升 32.1%。就学校是否设立职业生涯咨询机构来说，与"没有职业理想，没有计划"相比，学校设有职业生涯咨询机构的大学生选择"有明确职业理想，有详细计划"是学校没有职业生涯咨询机构的大学生的发生比的 2.448 倍。与"没有职业理想，没有计划"相比，学生对学校职业生涯教育的认可程度更多，选择

"有明确职业理想，有较详细计划"发生比会提高 9.4%，选择"有明确职业理想，有详细计划"发生比会提升 53.3%。

四、结论与讨论

（一）如何探索大学生职业生涯教育的新途径

1. 大学生职业生涯教育需重视大学生职业生涯规划意识的培养

研究显示，大学生职业生涯规划意识的提升对大学生确定职业生涯目标、制定职业生涯规划显著相关，因此，大学生具备职业规划意识，是对其进行相关教育发挥有效作用的前提。

应届毕业生的就业难问题是自身的素质困境还是就业岗位无效供给？究其根本，择业、就业的过程是由劳动供求匹配成功率决定的，但劳动供求匹配成功率取决于多种因素，其中最重要的因素就是劳动者本身的素质、技能、就业意愿等，而这正是高校"立德树人"的核心所在，亦是高校开设大学生职业生涯规划教育的首要目的。因此，大学生职业生涯意识的培养，不仅要强化其就业观、择业观与创业观，还需要引导其形成正确的理想信念，使其以正确的理想信念支配其就业、择业与创业行为，在此过程中不断完善自身的素质与能力，使之顺应社会发展方向和市场要求，然后选择最适合自身发展的职业，充分发挥个人潜能，体现个人价值，完成高校向职场的成功转型。

2. 大学生职业生涯教育需提供基于全球素养的职业生涯教育课程体系

研究显示，大学生职业生涯规划的参与行为，与学校是否设立职业生涯咨询机构以及职业生涯教育的开展情况显著相关。职业生涯教育是高校育人体系的重要环节，应立足培养什么人、为谁培养人的根本性问题，遵循人才成长规律，着眼更高维度进行科学顶层设计，建构契合时代发展和学生成长的特色模式。

从当前时代发展和人才培养看，大学生的全球素养越来越成为人才培养的重要目标向度。《国家中长期教育改革和发展规划纲要（2010—2020年）》提出要培养一大批具有国际视野、通晓国际规则、能够参与国际事务和国际竞争的国际化人才。2016年，习近平总书记在中共中央政治局第三十五次集体学习时指出，"参与全球治理，需要一大批熟悉党和国家方针政策、了解我国国情、具有全球视野、熟练运用外语、通晓国际规则、精通国际谈判的专业人才"。因此大学生职业生涯教育，需要引入全球素养的理念，在全球素养理念的基础上，寻求职业生涯教育体系的新路径。

（二）如何构建基于全球素养的大学生职业生涯规划模式

1. 全球素养大学生职业生涯规划模式的理念

全球素养大学生职业生涯规划模式立足于"人类命运共同体"理念和"系统论"思想，依托学生全球素养培育模型，将学生的"思想道德教育、专业素养教育、实践体验教育、跨文化交际教育、就业创业教育"五方面的职业生涯教育统合起来，以全球素养培育贯穿学生的整个成长成才过程。

2. 全球素养大学生职业生涯规划模式的内容

传统的职业生涯教育局限于《大学生职业生涯规划》与《大学生就业指导》，内容指向课本，同质性强，缺乏评估体系，课程内容与教学内容相关性低，缺乏学校特色。但全球素养的大学生职业生涯规划模式，从职业生涯教育的理论、内涵、方式入手，以民族性、全球性、时代性等话题为载体，开发国际素养下的职业生涯教育新模式。以爱国教育、中国传统文化为模块开展大学生思想政治教育；以跨文化知识、世界知识、全球议题为模块开展专业素养教育；以多元文化认同、开放、尊重的态度开展实践体验教育；以不同文化的礼仪知识、冲突管理与解决开展跨文化交际教育；以技能、价值观为导向开展就业创业教育，以此"五位一体"构建教学的基本内容框架。

3. 全球素养的大学生职业生涯规划的教学模式

构建全球素养的大学生职业生涯规划课程体系，需要联通"四大课堂"，以"开放式探索、参与式学习、应用式探索"等教学模式，设计并开发基于项目的学习，探索形成"接受、适应、参与"的进阶式教学实施路径。同时，编制全球素养评价表，形成完善的评价体系，确保人才培养的有效性。更需要改变过去职业生涯教育仅仅由辅导员、职能部门工作人员指导的单一局面，将专业教师纳入其中，增强教学团队的学术水平、理论水平，形成课程开发与实践教学的专业团队。

第六章　"后疫情时代"全球治理人才培养

第一节　"后疫情时代"全球治理人才培养相关思考

新冠肺炎疫情的暴发对大国关系、世界经济、全球政治、社会生态持续产生重大影响，对中国来说，危与机同生共存，可以借助疫情窗口期扩大国际影响力，如何全面提升全球治理人才能力培养，输送更多的高素质人才，代表中国参与全球治理，助力中国在世界格局中发挥更大作用，中国高校任重而道远。

当前正在全球暴发的新冠肺炎疫情，是人类遭遇的一场世纪性公共健康危机。疫情所造成的社会、经济、政治和地缘战略的危机态势，正在改变冷战结束以来全球化主导的世界发展、稳定与和平进程。疫情危机带来的影响是长期而深远的，不能排除未来国际格局和体系变革出现局部倒退和冲突的风险。"后疫情时代"将成为大国关系、世界经济、全球政治及社会生态持续出现重大调整的新时期,对中国来说,这是危与机同生共存的艰难时刻,也是不得不面对的国际秩序加速变革调整的新变局。但是,目前在中国大学和研究机构中全球治理人才却极度匮乏,且存在诸多培养困境,尚无法回应如此重要而紧迫的需求,这成为中国参与全球治理的制约瓶颈。在后疫情形势下,更加亟须全球治理人才的加速培养,全面提升全球治理人才培养能力。

一、新冠肺炎疫情影响下的世界"新变局"

2020年7月30日,中共中央政治局召开会议,会议认为,当今世界正经历百年未有之大变局,和平与发展仍然是时代主题,同时国际环境日趋复杂,不稳定性不确定性明显增强。会议进一步提出,"新冠肺炎疫情对国际格局产生深刻影响,国际安全形势不确定性不稳定性增大"。疫情带来的这种"不稳定性不确定性"主要表现在以下四个方面。

（一）疫情对全球经济秩序造成严重冲击

绝大多数国家的人民因疫情被迫居家隔离、保持社交距离,多国生产、消费、供应和资本流动严重受限,经济活动全要素停摆,股市、油市、债市相继出现崩盘,全球经济受到前所未有的巨大打击。关于新冠肺炎疫情导致世界经济可能进入全面衰退的争论目前还在持续。未来全球经济走向仍然取决于疫情走势和疫苗研发进度,"后疫情时代"全球经济的不确定性居高不下。

（二）疫情带来政治和社会思潮多元激荡

冷战结束以来,西方国家一直倡导的自由主义价值,通过市场要素配置、价值链和产业结构性配置，各国政治和社会治理架构的设置，全球议题设置及应对机制等实践逐步全球化。而近期，世界各国在应对疫情危机过程中，政府、社会和个人的关系正在出现重大历史性调整，强化政府干预能力和资源配置能力，"新国家主义"的政治思潮在全球各地纷纷抬头。

（三）疫情加速大国竞争全面对抗

面对新冠病毒这个严重威胁人类健康和安全的强敌，美国应对不力但又急于转嫁矛盾，忽略中国合作抗疫诚意，不断在经济、军事、高科技、社会交往、人文交流、政治体制及意识形态等方面对中国恶意制造事端，着力重塑利己的世界格局，使得地缘政治风险不断加剧，"逆全球化"和"去中国化"结合，中美"脱钩"加速，进入全面对抗，各国纷纷猜测中美是否会因疫情而走向"新冷战"（New War）。

（四）疫情危机重塑全球舆情走向

疫情期间，民族主义、民粹主义、种族主义、排外论再度兴起，全球化时代的相互开放、自由和以全球主义为导向的跨国家跨地区的社会交往正在面临前所未有的打击和限制，进一步引发世界主要经济体之间的相互防范，主要大国遭遇的公共健康危机受经济、民生和个人主义价值的冲击，社会和舆论领域内的情绪因素飙升，各国间的行为、价值和观念间相互警惕和防范的新战线正在形成。

二、"后疫情时代"中国全球治理内外实现路径

改革开放以来，中国处于近代以来最好的历史发展时期，有利

的国际环境是支撑中国发展的重要外部条件。全球新冠肺炎疫情危机带来的"大变局"真实而严峻,如何重塑和改变中国持续发展所需要的国际战略格局和外部环境,我们正在面临前所未有的严峻考验。

作为全球治理的参与者、建设者、协调者、改革者甚至设计者,多元角色的中国要及时、准确、科学地应对疫情危机给世界战略格局和全球化进程带来的挑战和变化,结合国家政策调整路径如下:

(一) 国内路径

国内方面,在全球疫情的挑战下,远距离的全球产业布局将被较近距离的区域布局取代,全球化和新型全球化的过程会加快,中国国内经济要以民生、就业、内生型稳定发展为导向,认识和把握"双循环"新发展格局,推动中国经济尽快恢复并稳步发展,向形态更高级、分工更优化、结构更合理的阶段演进,继续保持在全球产业链、价值链和供应链中的关键地位,积极适应以新兴经济体和发展中经济体为重心的新一轮全球化。

(二) 国际路径

国际方面,疫情后中国的国际影响力与国际地位将会迅速提升,中国要积极调整对外关系,采取必要的"战线收缩、确保重点、低调务实"措施,主张全世界合作抗疫、团结抗疫,为全世界提供医护产品,缓解疫情短缺。借鉴全球治理和其他国家抗疫行动的积极成果,通过"一带一路"倡议、构建"人类命运共同体"战略继续深化改革开放,让世界了解、尊重、喜爱中国。

三、"后疫情时代"中国高校的全球治理人才培养

（一）关于全球治理人才培养的指导意见

近年来，习近平总书记在不同场合多次强调我国要加强对全球治理的理论研究，高度重视全球治理方面的人才培养工作。2010 年中共中央、国务院印发的《国家中长期教育改革和发展规划纲要（2010—2020 年）》提出，要"培养大批具有国际视野、通晓国际规则、能够参与国际事务与国际竞争的国际化人才"。2015 年 10 月 12 日，中共中央政治局就全球治理格局和全球治理体制进行第二十七次集体学习，习近平总书记指出，"要加强能力建设和战略投入，加强对全球治理的理论研究，高度重视全球治理方面的人才培养"。

党的十九大以来，以习近平同志为核心的党中央基于对国内国际形势的战略判断，提出要增强中国参与全球治理的能力，积极推动全球治理体系变革，并提出要加强全球治理人才队伍建设，突破人才瓶颈，做好人才储备，为我国参与全球治理提供有力人才支撑。

从以上论断可以看出，国家间综合国力的竞争，实际上就是人才的竞争。中国全球治理人才是基础，而人才培养归根结底需要依靠中国教育事业的发展，特别是以培养高素质复合型人才为己任的高等教育。中国大学理应担负起时代使命，思考中国参与全球治理的人才需求及其培养的有效路径。

（二）"后疫情时代"中国全球治理人才的培养标准

疫情不仅带来了"新变局"，更呼唤新时代条件下"伟大斗争"

的新实践。面对新冠肺炎疫情对当前国际格局产生的深刻影响，我们必须树立强烈的忧患意识和风险意识，作为全球最大的发展中国家，中国在推动建立公正合理的国际经济新秩序方面已经发挥重要作用，为了应对日趋复杂的国际环境、体现中国的大国担当，还需要有更多的高素质国际治理人才，代表中国参与国际事务和国际治理，讲好中国故事，贡献中国智慧。全球治理新实践的主体是全球治理人才。

1. 政治意愿

参与国际治理，需要更高的政治站位和强烈意愿，具有崇高的理想信念和家国情怀，有担当、有抱负，需要全球视野、大局意识、全局意识，需要将个体与国家命运和全球化的世界紧密相连，勇于以实现祖国伟大复兴、世界和平发展、构建人类命运共同体为己任，进而用自身行动切实推动构建人类命运共同体，改革完善全球治理体系。心系祖国、胸怀天下，这种高格局是国际治理人才应具备的首要素质①。参与国际治理，不仅需要具有全面、清晰与科学的"世界眼光"，更需要具备客观、理性与准确的"变局意识"。我们必须认识到越来越多内部"中国问题"的解决依赖于外部"全球问题"的解决，而更多的全球问题解决需要中国的政策及行动支持，全球治理将为中国的发展创造有利而和平的国际关系和外部环境。

2. 个人能力

2018 年 5 月 2 日，习近平总书记在五四青年节前夕同北京大学

---

① 赵龙跃. 构建人类命运共同体与国际治理人才培养［J］. 太平洋学报，2020（1）：32.

师生座谈并发表重要讲话,他提到:"要力行,知行合一,做实干家……无论学习还是工作,都要面向实际、深入实践,实践出真知;都要严谨务实,一分耕耘一分收获,苦干实干。"在新时代干出一番事业,要在全球治理中发挥作用,参与全球治理的行动者必须具有足够的能力,进行有效的跨文化互动,正确理解、有效解决"当地"和"全球"问题。

全球治理人才主要涵盖三个方面的素质:一是熟知我国的国情和政情;二是具有全球视野和跨文化沟通能力;三是具有参与全球治理所需的国际知识储备,通晓国际规则、了解国际谈判。全球治理人才参与全球治理,既需要深厚的理论基础知识,也需要过硬的实际工作能力,两者并重,缺一不可。

在"后疫情时代"这样一个更加不稳定不确定的世界格局中参与全球治理,为国家谋发展,全球治理人才需要具备更高的治理智慧和更强的治理能力,增强机遇意识和风险意识,把握发展规律,发扬斗争精神,善于在危机中育新机、于变局中开新局,理性预判,谨慎行动。要深入分析、全面权衡、准确识变、科学应变、主动求变,善于从眼前的危机、眼前的困难中捕捉和创造机遇。

3. 知识作用

中国的大学和研究机构是一个相对独立且与世界各国具有密切联系的知识体系,其所培养的全球治理人才,能否为全球治理提供足够的知识、观念、价值、原则、方案,发挥知识作用,这一点值得关注。目前中国的大学和研究机构国际化程度参差不齐,知识体系缺乏创造性。在全球知识结构中,中国对知识产品消费居多,关于如何治理全球化的知识生产较少,未成为世界知识生产中心。大学课程设置、大众舆论和媒体对国家利益、权力平衡、国家主权、国际安全等方面的关注多，对全球问题、全球治理等问题的关注较少，在价值的角度上与外部世界缺少真正的沟通。全球化的中国与全球的物质关联已非常密切，但是与世界各国之间各种政治和价值的摩擦冲突却时时存在。最明显的案例就是这次全球疫情诱发的前所未有的全球舆情。美国的反华"鹰派"利用疫情全力推进对中国的污名化进程，企图通过对中国的"追责"，来达到将制造业带回美国、让全球产业链与中国脱钩的目的。他们甚至把指责和攻击中国作为美国政府前期抗疫行动犹豫和失败的替罪羊，更是妄图把对华强硬和打压中国作为 2020 年美国总统选举的核心话题。部分非洲国家和非盟也提出了"中国歧视论"，多个欧洲国家媒体发出恐吓，声称和中国的关系"回不到过去"。在"疫情催化剂"的作用下，充分体现了外部世界对中国的理解判断充满了猜疑和不信任，正如有些学者所言，"中国与世界之间尚未建立起非物质的价值共享和共生关系"。经济力量的重要性不言而喻，但是中国要成为国际上真正有地位、受尊敬的大国，必须与外部世界建立具有进取性、认同性和共享性的价值关系。

2020 年 9 月，美国国务院将孔子学院美国中心认定为"外交使团"，对中美合作项目的正常运行进行污名化，以冷战思维对国际教育进行干涉和阻挠。这从另一个角度提醒我们，面对疫情对国际关系的深刻调整，我们更应该深化跨文化沟通、深化国际理解。中国全球治理人才要认识到现有知识体系的不足，不盲目乐观，亦不妄自菲薄，主动进行知识创新，学习了解世界文化的多样性，掌握不同文化类型的特征，理解、包容"不同"的思维方式和世界观，促进有效沟通，减少认知冲突，为全球治理提供一定的知识、观念、价值、原则、方案，推动更多物质性、理念性和制度性国际公共产品的提供，发挥大国应有的知识作用，并为全球可持续发展和人类共同利益采取有效行动。

（三）"后疫情时代"中国全球治理人才的培养路径

新时代赋予中国大学和研究机构的新任务就是培养中国特色全球治理人才，与西方国家相比，我们的人才培养起步较晚，学科和院系归属不明，且面临着激烈的竞争。中国全球治理人才培养应加强顶层设计，融入高校及研究机构的学科建设，重在人才的格局培养、思维建构、知识拓展及能力提升等方面。

1. 加强顶层设计

"后疫情时代"的中国需要更加深入地参与全球治理，这需要中国高校加强全球治理人才培养，突破人才瓶颈，做好人才储备，为我国参与全球治理提供人才，这具有很强的战略意义，建议通过国家顶层设计来进行推动，比如通过立法的形式，明确战略目标，把现有的法律整合到一个大框架中，整体设计规划，提升立法层次，层层推动落实。

2. 整合机构设置

目前各个大学在全球治理人才培养方面存在"学科切割、院系切割"的问题，这会对跨学科教学研究及学生全面掌握知识带来不利影响。可借鉴国外知名大学的做法，成立全球治理研究院（独立学院），对校内师资、课程、经费等进行协调整合，提供系统和完整的资源和训练，系统负责专项人才培养工作。

3. 优化课程设置

设计跨学科的课程内容，人才培养工作通过公共必修课、专业课、第二课堂等平台，落实到各个教学环节中，重视第二课堂的育人功能，指导学生通过社团、活动、比赛等形式来了解、学习、认同国际治理理念，可通过课题申报、大学生创业创新等研究实践路径，培养学生全球治理的意识和素养。

4. 搭建国际交流平台

与联合国、世界银行、亚投行、金砖银行、国际红十字会等国际组织共建，选派优秀学生去专业见习、实习实训，开辟多种途径，给学生提供境外实习的实践机会，加强学生关于全球治理实践能力培养，培养学生解决实际问题的能力。

四、结语

这场新冠肺炎疫情是一次罕见的人类灾难，人的生命危机、地球生态危机、经济危机、国家间政治危机、全球治理危机，多重危机反复叠加。其实无论是否有这场全球疫情，大国之间的战略博弈和价值竞争从来就没有停止过。换个角度来看，危机对中国来说既是压力也是动力，比如随着中国的国际影响力及国际地位的提升，我们可以扩大国际影响力。面对世界"大变局"，如何全面促进中国特色的全球治理人才培养，中国高校和研究机构任重而道远。

第二节 全球治理人才培养中的思想政治教育体系建设

"千秋基业，人才为本。"满足国际化需要，就要抓住人才这一资源。全球治理人才培养的基础离不开思想政治教育，完善的思政教育体系有助于补充复合型人才的不足。本文根据全球治理人才培养目标，以外语院校为例对思想政治教育进行研究，通过对思想政治教育体系重要性的阐述，分析当前思想政治教育体系建设面临的问题，从而提出可行性思路建议。

随着经济和社会的不断发展，人民生活水平日益提高，社会对人才培养要求也不断提升，传统人才培养目标已经不能满足当今社会发展和国际化需求。在全球治理人才培养过程中，搭建有深度、有高度的思想政治教育体系是关键，培养有家国情怀、国际视野和全球竞争力的高层次人才是目的。

一、全球治理人才培养中思想政治教育的必要性

（一）思想政治教育是大学生价值观培养的重要保障

文化是一个民族的灵魂，价值观是文化的核心。对一个国家而言，有什么样的价值观就会建设什么样的社会；对一个人而言，有什么样的价值观就会有什么样的人生。大学阶段是大学生价值观形

成的重要节点，在以培养全球治理人才为目标的教育体系中，思想政治教育关乎大学生价值观的养成。在全球治理人才培养的过程中，难免遇到中外文化的交流与碰撞，通过思想政治教育体系把握好学生的理想信念，提升家国情怀，在理想信念和爱国主义情怀上下功夫，有助于人才培养中主流价值观的形成，是人才培养的重要前提。

（二）思想政治教育是大学生综合素质培养的重要前提

现如今，人才培养的要求就是综合素质的培养，要在综合素质上下功夫，大力推进全面发展的培养目标。在全球治理人才培养过程中，外语院校非语言专业容易被忽视，针对这部分学生进行思想引导，引领"专业+外语"复合型人才培养的方向，提升学生对自我发展方向的认知意识。在非课程领域上帮助学生多方向发展，使他们找到自己擅长的领域进行学习，以思想政治教育为教育基础逐渐实现大学生综合素质提升。

（三）思想政治教育是大学生心理素质培养的重要方式

随着社会不断进步和发展，社会对人才的要求也越来越高。相比于过去的人才培养模式而言，现如今大学生面临的各种压力都在急速上升，很容易出现因为焦虑、自卑等而产生的不健康心理。作为教育工作者，在教育的过程中随时引入思想政治教育就显得尤为重要。思想政治教育起到对学生的思想疏导作用，实现情绪管理教育，在当今社会人才培养过程中是不可或缺的重要内容，也是提升大学生心理素质培养的重要方式。

二、全球治理人才培养中思想政治教育面临的问题

（一）全球治理人才培养中"课程思政"体系不够健全

相比传统的思政课，"课程思政"无论在教育理念还是教育方式上都有所不同。"课程思政"概念就是要将思想政治教育自然而然地融入所有教学课程，用价值观引领带动专业知识的传授，从潜移默化中实现立德树人的根本目标。然而，目前"课程思政"建设仍不够健全，以外语院校为例，一是从思政师资和学科设计来看，高校思政课程教师需要转变教育理念和教育方式，但在其转变和适应中未能很好地带动起其他学科，所有课程的一体化模式仍需要进一步建立和完善。二是从培养目标来看，外语院校中语言和非语言专业都需要培养复合型人才，但课程思政还没有完全培养复合型人才的教育培养方案，要根据学科特色形成符合培养目标的课程思政体系。

（二）全球治理人才培养对日常思想政治教育不够重视

提到高校思想政治教育，人们往往想到的是传统思政课教学，而忽略了大学生日常思想政治教育工作。习近平总书记在全国高校思想政治工作会议上强调："要坚持把立德树人作为中心环节，把思想政治工作贯穿教育教学全过程，实现全程育人、全方位育人，努力开创我国高等教育事业发展新局面。"这就要求思政工作者重视除思政课以外的学生日常思想政治教育，由于辅导员等思政工作者在学生日常教育工作中涉及的都是党团建设、心理健康教育、思想引领等碎片化、烦琐化的教育工作，对学生思想政治教育的影响是潜

移默化的，因此往往容易被忽视。尤其是针对全球治理人才的培养，单纯从课程角度进行思想政治教育效果欠佳，必须配合行为习惯培养、价值观引领等无形的日常思政教育。因此，重视辅导员等学生工作者日常思想政治教育工作，并将其形成体系，是目前急需优化的教育内容。

（三）全球治理人才培养中复合型师资队伍不够优化

针对全球治理人才培养的目标，高校想要培养复合型人才，就需要重视对复合型师资队伍的优化，以外语院校为例，一方面，思政课专业教师缺乏将专业与外语相结合的教学模式。思政课教学虽然已经融入了线上线下、师生互动等多元化授课模式，但从思政专职教师角度来看，没有将国际化视野融入思政专业中去，高校需要提供相关培训来提升思政教师的复合型培养。另一方面，辅导员等学生工作者缺乏将专业与思政相结合的管理方式。学生工作管理者进行学生思想政治教育工作中，往往忽视了本身专业的作用。例如：外语院校非语言专业的学生工作管理者，并没有将自身专业和思政相结合，这就需要提升辅导员的专业技能，进一步提升思想政治教育的实效。

三、全球治理人才中复合型思想政治教育体系构建路径

（一）发挥国际化合作特色，优化"课程思政"体系

1. 创办中外合作办学项目

利用外语院校国际化背景优势，在非语言学院开设中外合作项

目，引入国外先进课程，培养学生的国际化视野，将课程思政融入合作课程中，将思想政治教育扎根课程，使学生有较强的专业能力和外语能力，有助于全球治理人才的培养。

2. 提供国际交流项目

鼓励学生自愿参加暑期夏令营、春季访学等国际交流项目。学生可以根据"2+2""3+1"以及海外实习等不同模式，选择大学某一段时间去国外进行交流学习，实现学分互认。针对此类学生做好思想政治引导和教育，引导学生拥有爱国情怀的同时能够拓展国际化视野，并将传统文化传播到世界。

3. 引进国外优质项目

根据学生的具体需求，引入国外知名院校来中国进行项目合作，实现中外学生共同参与的交流项目。可在中外交流期间侧面进行思想政治教育，让中外文化在学生和老师的交流中进行碰撞，同时在合作中实现全球治理人才培养要求，提升其民族自豪感。

(二) 提升辅导员综合技能，打造"一专多能"的思政团队

高校辅导员作为学生思想政治教育的中坚力量和思想政治教育的"一线"工作者，在学生思想政治教育中的作用是最直接最有效的。作为学生工作者，高校辅导员要平衡好教学和管理双重工作，不断完善职业技能。打造"一专多能"的思政团队，才能对人才培养提供更好的帮助。

1. 通过多样化培训提升辅导员职业技能

高校针对辅导员等学生工作者提供培训机会，例如：礼仪培训、就业创业指导培训、应急处理能力培训等，使他们在做好本职工作

的同时，提升自身综合素质，从而在思想政治教育方式方法上有所突破。

2. 重视辅导员教学职能

辅导员在学生日常管理工作中突出了管理职能的占比，然而，辅导员"双肩挑"中的教学职能常常被忽视。以外语院校中非语言专业的辅导员为例，鼓励辅导员根据自身所学专业与思政相结合，开展"专业+思政"的特色课程，将课程思政结构优化，在提升学生对辅导员的专业认可度的同时，加强了学生对自身专业的信心。

3. 通过专业化实践提升辅导员科研水平

指导学生进行大学生创新创业、参加"挑战杯"等创新创业比赛，以及申报科研立项等研究项目，利用暑期社会实践带领团队开展实践活动，通过对大学生科研指导带动辅导员科研热情，同时在实践中提升辅导员科研水平。

（三）优化党团结构建设，实现"第二课堂"实践效果

以党建带团建，以团建促党建。坚持"党建+思政"的教育模式，重视党员和团干部的重要作用，通过"第二课堂"开展思想政治教育。

1. 在党支部建设中开展以思想引领为主题的党日活动

组织支部党员、积极分子、申请人等走出校门开展活动，通过参观、志愿服务、实习实践等方式实现"第二课堂"的重要作用。例如：针对外语院校的非语言专业，组织学生利用"专业+外语"特色优势，走进社区进行红色宣讲、专业讲解等，在实践过程中提升了学生的思想政治素养，在潜移默化中达到了以爱国教育为主题

的思想政治教育。

2. 在团支部建设中把握学生干部培养工作

学生干部作为团支部领导者，关乎团支部成员的发展状况。组建一支综合素质过硬的班委团队，是思想政治教育工作的巧妙抓手。一是定期对学生干部进行岗位培训，通过第一课堂的综合类授课，以及"第二课堂"的实践配合，提升学生干部的基本能力。二是利用重要节点带领学生干部进行团建，在实践活动中增进团队意识，提升团队协作能力。三是鼓励学生干部在团支部建立"一帮一"体系，在学习、生活以及其他技能等方面开展帮扶活动，例如：团支部共同完成"青年大学习"，对个人层面而言能提升团员意识，从团支部层面而言能增强凝聚力和归属感，为团支部的良好建设和管理打下基础。

3. 在"第二课堂"中利用校园文化建设提升思想政治教育

相比于第一课堂，"第二课堂"涵盖了学生活动、实习实践、竞赛科研等更丰富的活动内容，使思想政治教育传播有了更广阔更直接的平台，用好"第二课堂"就是抓住了思想政治教育的切入点。高校要充分利用好迎新季、毕业典礼、宿舍文化节等特色活动，吸引学生组织并参与进来，开展特色鲜明的主题教育活动，利用学生课余时间开展实践学分课程，通过学生喜好选择感兴趣的课程主题，将原本碎片化的学习内容转入第一课堂，形成学习闭环，最终提高学生的集体荣誉感和校园归属感，实现校园文化建设。

（四）树立朋辈教育理念，推动毕业生就业创业实践

朋辈力量作为思想政治教育的重要渠道不容忽视，无论是学长

学姐还是校友，对于当代大学生而言都有着更容易亲近和信任的特色优势，因而，抓住朋辈力量间接开展教育活动更加高效高质。以发挥校友对毕业生的思想政治教育作用为例，校友和毕业生两个群体有着特殊的亲切感，针对目前毕业生就业压力大和消极的就业观等问题，校友对毕业生进行思想政治教育可以有效地提升教育效果。

1. 搭建校友和毕业生的交流平台

一是开展"对话青春"校友经验分享主题活动。邀请在某一领域有所成就或表现较为突出的校友进校为毕业生开讲，例如：根据就业、考研、出国等不同方向开展主题讲座，以过来人的经验给毕业生的职业选择方向提供思考和建议，帮助毕业生快速形成适合自己的就业观。二是参与职业规划课程指导。根据校友自身擅长领域，结合高校职业规划和就业创业教育平台，开展实践课程，将书本知识转化为实践，用校友经验带动毕业生求职就业动力。三是开展校友导师计划。按照"一对一"或"一对多"模式邀请校友作为毕业生导师开展培养教育工作，针对特定对象进行为期一年的就业跟踪，通过考察对象的就业观变化对校友导师进行评价，从而解决学生就业困难的问题。

2. 通过校友企业合作实现资源共享

一是举办校友企业技能训练营。面对与日俱增的就业压力，通过校友企业内推、宣讲会等方式，为毕业生提供就业岗位和就业机会，针对有意愿的毕业生组织"企业开放日"活动，让毕业生对企业有直观了解，选择参加校友企业在学校或企业组织的训练营，结业后实现毕业生和校友企业的双向选择。毕业生通过这一套完整的校友企业助力就业模式，在很大程度上能缓解就业困难和就业压力，减少焦虑心理的出现。二是校友企业共建实习实践基地。校友企业根据工作主题开展课程合作，共建实验室，让毕业生在进入社会前培养职业规划意识，是思想政治教育中的重要一课。

综上所述，全球治理人才培养目标要求高校重视具有国际化视野的复合型人才培养，发挥国际化办学特色，尤其在外语院校管理中，抓住课程思政和日常思想政治工作，培养"专业+思政+外语"的复合型人才，建立健全具有高校特色的思想政治教育创新体系。

第三节 "后疫情时代"外语类院校 "思政体系"提升优化

高校是国家人才的"蓄水池"，思想政治辅导员是水池的"守卫者"，我们需要充分依托高校平台，优化思政教育体系，努力为我国壮大全球治理人才队伍、突破人才瓶颈、做好人才储备等方面的工作添砖加瓦，为我国培养全球治理人才提供有力支撑。外语类院校的"课程思政"发展更要着力于培养政治觉悟高、外语能力强且具备全球化视野的优秀跨学科人才。

一、依托外语优势开设培养全球治理人才的政治类专业和课程

自改革开放以来，中国经济发展欣欣向荣，经济规模跻身世界前列。随着中国国际地位的日渐提升和国际影响力的持续扩大，国际社会无疑会给予中国更多的期待。我们应当扛起时代大旗，在注

重国内发展的同时，承担更多的国际义务与责任，展现大国担当，为构建人类命运共同体，完善全球治理机制提供中国智慧，贡献中国力量。由此可见，我国对全球治理人才的需求是十分迫切的。

目前，我国在全球治理人才培养方面已取得一定的成果，但由于系统培养工作起步较晚、相关学科建设尚未成熟，因此，我国在全球治理人才培养方面相较于欧美等发达国家而言，仍处于劣势。放眼全球国际组织，中国人的参与度还有巨大的提升空间，多数中国雇员只能从事翻译或秘书类工作，能够参与行政管理和决策工作的人寥寥无几，这种情况与中国的国际地位和国际影响力不相匹配。根据国际货币基金组织的官方统计，截至 2019 年 4 月 30 日，国际货币基金组织（IMF）有雇员共计 2765 人，其中中国籍的雇员只有 143 人，中国籍雇员数量仅占总人数的 5.2%。根据国际货币基金组织份额改革办法，中国在 IMF 的投票比例仅次于美国和日本，为 6.394%，即中国籍雇员的人数应该在 200 人左右，相较于美国超过 1/3 的雇员人数，中国在 IMF 的雇员人数还有较大的缺口；在联合国秘书处的五个常任理事国中，中国的任职人数最少，属任职人员比例不足的国家。在世贸组织（WTO）中，秘书处的正式雇员有 627 人，其中中国籍雇员只有 16 位；此外，在中国作为三大股东之一的世界银行中，中国籍雇员仅有 470 人左右，占比 2.9%。由此可见，我国在培养全球治理人才、积极参与国际组织治理改革、疏通国内机构与国际组织间的用人渠道等方面还需付诸努力。

对于高校，尤其是外语类高校，我们需要在全球化深入发展、各国命运紧密相连、构建人类命运共同体已成必然要求的世界性形势下，依托其外语专业优势，为国家培养相关领域的优质人才，助力我国不断增强国际影响力、更好参与全球治理并持续提升国际地位。在对全国本科高校开设专业情况进行研究后，我们发现，国内开设国际事务与国际关系专业的高校仅有 15 所，开设外交学专业的院校仅有 12 所。培养的毕业生数量对于国家整体需求而言，可谓杯水车薪。因此，增添相关专业和相关课程已经成为现阶段高校培养优质人才的必行之策。

通过培养学生对国际关系问题的基本分析能力，使学生具备缜密的逻辑思维和较强的领导才能，从而能够胜任外事外交的日常工作，并在全球治理领域占有一席之地。国际事务与国际关系专业的学生除了应掌握我国国情和相关国家的社会性质和文化背景外，还应具备扎实的外语功底，以及高超的外交外事能力。

二、注重语言类课程中思政教育的方向性引领

在很多人看来，外语只是一门工具，这种理念是片面的，因为工具只有在人们需要时才会被想起。随着改革开放的推进，全球已逐渐演变为一个开放包容的地球村，中国的经济、文化、政治等方方面面亦与国际接轨。这意味着国人的外语学习，从工具时代过渡到能力时代。语言背后承载着丰富的文化内涵，通过外语我们不仅可以领略一个国家的风土人情，了解支撑其文明延续的政治、宗教、艺术、文化，而且还可以学习其思维方式与行为习惯，体现生命的成长性。《外国语言文学类教学质量国家标准》为外语类院校人才培养提出了明确要求："外语类专业学生应具有正确的世界观、人生观和价值观，良好的道德品质，中国情怀和国际视野，社会责任感，人文与科学素养，合作精神，创新精神以及学科基本素养。"可见，

以课程内容为基础，以思想政治教育为主线，引导学生树立正确的人生观、世界观、价值观，站稳并弘扬中国立场是优化外语课程思政教育的重要落脚点。例如，在语言文化课程中既要渗透内涵丰富的中华优秀传统文化，又要加强文化比较学。通过对中华优秀传统文化的深入学习，切实体会其蕴含的思想观念、人文精神和道德规范，从而实现悠远文化的当代奏鸣；通过中国文化与别国文化的对比，引导学生坚定文化自信，在文化自信中培养学生的家国情怀并拓宽国际视野，增强学生对中国文化的情感认同；在翻译类课程中，应注重教学内容的拓展，理论联系实际，内容紧跟时政，以热点新闻为新鲜语料，如中国人民齐心协力抗击新冠肺炎疫情、2020年决胜全面建成小康社会、习近平总书记在联合国成立75周年大会发言等，鼓励学生用目标语言讲述中国故事，传播中国声音，弘扬社会主义核心价值观。

外语教学与思想引领应当是相辅相成，密不可分的。专门留出时间说教思政理论，显然无法引起学生的兴趣，势必会显得乏味，无法达到价值导向的目标。如果采取以学生为中心的启发式、探究性方法，紧紧围绕课程内容，密切联系时事政治，适时引导价值观念，则能够促使学生在获取知识的同时，坚定其制度自信并拓宽国际化视野。

比如，大连外国语大学在发展"东北亚外交外事"博士培养项目过程中，注重加强外语类课程与思政教育、价值引领等方面的联系。在教材选用、教授方法等方面做了大幅度优化，在外语类课程中增添了马克思主义方法论、政治话语分析等方面的研究。例如，二外课程中所使用的教程，以批评语用学为理论基础，通过教师讲

授、学生自主研读最新国际政治话语文本的方式，强化了学生思想
政治理论基础。学生在掌握了一定的研究性理论基础后，通过自主
研究、小组讨论等方式对领导人政治话语进行深入分析，培养其解
读当前国际政治局势的能力；在跨文化交际课程中，教师引导学生
结合目标语国家的文化实例，与我国文化进行深入比较，体会我国
文化优势，同时结合当前国际政治局势，分析影响局势的发展因素，
进一步在学生内心根植中国特色社会主义制度自信、文化自信，激
励学生为祖国事业发展贡献力量，为世界传播中国声音贡献力量。

三、注重思政教学内容与国际问题的深度融合

作为贯穿整个学习生涯的学科，思政教育的教学模式随着社会
的发展不断更新。改革开放以来，高校思想政治教育发展史划分为
四个阶段：第一阶段（1978—1989 年）：重创后的恢复发展；第二阶
段（1989—2002 年）：步入正轨后的加强改进；第三阶段（2002—
2012 年）：积极向前发展；第四阶段（2002 年至今）：全面高水平创
新发展。

党的十八大以来，以习近平同志为核心的党中央将马克思主义
普遍真理同中国的具体实际相结合，诞生了一系列重大创新型理论
成果。同时围绕新时代思想政治教育工作，为高校教师的培养工作
提出了新思想和新要求，例如，"大思政"工作格局、加强思想政治
教育文化力量、提升思想政治教育现代化水平、培养担当民族复兴
大任的新时代人才等。鉴于此，我们高校的思想政治工作必须紧跟
时代潮流，贴合中国当代发展现状。"大思政"要大格局，大格局不
仅包含中国思想的根植，还有与国际问题（国际政治、国际关系、

军事、外交等）的深度融合。只有融合了国际问题，并将其与我国当代政治发展进行对比，才能体现出我国政治制度的优越性，体现出我国为国际社会共同发展所作出的巨大贡献。在讲《中国近现代史解要》课程时，我们可以以时间为切入点，将历史同当代国际政治事件或地区局势进行串联。例如：由国民党"反动统治"联想到当前台湾问题白热化的紧张事态，通过小组讨论的形式，引导学生思考国民党"反动统治"对当前的台海局势是否存在影响？面对几十年来错综复杂的国际局势，我党如何凭借社会主义制度的显著优势，做到自身稳定发展、队伍壮大；国内人民群众栉风沐雨、同心同德；国际社会认可支持、和谐共处。通过对此类问题的深刻解读，使学生发自内心地产生对中国特色社会主义制度、社会主义核心价值体系、社会主义核心价值观、中国共产党的领导、大国外交和大国担当的强烈认同感，以及为实现中华民族伟大复兴、实现全国人民的"中国梦"、推动经济跨越式发展、构建人类命运共同体、完善全球人才治理机制而奋斗的使命感。

综上所述，优化提升外语类院校"思政体系"建设，对于全球化治理人才的培养具有非常重要的现实意义和应用价值。如何能够做到"思政课中有外语，外语课中含思政；国际问题走向前，中国自信是王道"，如何克服现有"思政体系"建设中存在的问题，如何解决思政教学与全球治理人才培养相互融合的矛盾，如何实现思政课程为外语类院校培养高素质人才工作服务的创新驱动发展，这些应成为今后外语类院校"培养全球化治理人才"工程的当务之急，更是我们每一位学生工作人员和教学人员义不容辞的责任。

第七章　网络思想政治教育与全球治理人才培养

第一节　全球视域下的网络思政教育

思想政治教育是国家向学生传达思想政治信息和意识形态的主阵地，但是随着国家对于全球治理人才的迫切要求，互联网出现后消极价值观、意识形态的产生，传统思政教育体系的局限性越发明显。

当今时代，单边主义，霸权主义，逆全球化的势力抬头，导致多边机制遭到了严重威胁。在此背景下，习近平总书记在党的十八大提出的人类命运共同体理念，成为我国从事国际事务的鲜明旗帜，也受到了世界各国的欢迎。

党的十八大以来，中国积极投身全球治理之中，举办了 G20 峰会，提出了"一带一路"倡议，创建了亚投行等，为国际治理体系和秩序的构建作出了突出贡献。与此同时，随着我国参与国际社会治理的程度逐步深入，全球治理人才匮乏的问题也暴露了出来，而想要培养一个高素质的全球治理人才，除了培养其全球治理能力之外，全球治理意识的培养也是重中之重。在这个过程中学生不可避免会接触到大量外国文化与意识形态，如果不能坚持住马克思主义在意识形势领域的指导地位，那么塑造一个综合性复合型高素质的全球治理人才也就无从谈起。

习近平总书记反复重申，教育就是要培养中国特色社会主义事业的建设者和接班人，而不是旁观者和反对派。而随着互联网和新媒体的产生，让思政教育开辟了"第二战场"，传统思政教育的触角很难延伸到网络中，相应的局限也逐渐放大，因此系统的建立网络思政教育体系迫在眉睫。

一、当前背景下高校传统思政教育课程的局限性

随着"互联网+"时代的到来，传统思政课程的传播效果和教育成效受到了一定的削弱。在这个人人都是自媒体的时代，每个人都能畅所欲言发表自己的政治见解和思想主张，并通过网络传播到世界各地，高校思政课堂不再是学生接受思政教育的唯一平台，从主流媒体网站、视频在线平台到公众号、微信、微博，都在通过各种渠道向学生们传递着具有浓重个人色彩的思政信息和意识形态，这就导致了国家主体对民众个人意识形态影响的权威性受到了前所未有的削弱。

在传统媒体时代，高校的思政教育是国家通过思政工作者向学生传达党的思想政治信息和意志的主要途径，也是学生接收思政信息的主要途径，思政教育对高校学生意识形态的塑造起到了决定性

的作用。但是随着互联网及新媒体的兴起，思想政治教育的传播主体逐渐从官方向个体转移，虽然传统的官方媒体在互联网上还占据着主阵地，但是其绝对权威被无数的媒体和个人言论所挑战，造成了话语权的平摊，直接结果就是当代大学生很容易接收到网上流传的其他政治言论和意识形态并被其影响，而互联网的自由性和包容性，造成很多低俗、负面的意识形态在未经审核和筛选的情况下直接传播给了学生，容易造成学生接收错误的信息，而传统思政教育更多的功能是传播正确的价值观和主流意识形态，对于网上舆论的导向作用微乎其微。

此外，传统思政教育课程中的信息与新媒体相比，具有滞后性，往往学生在现实做出错误的行为之后，才能发现学生的思想、观念的变化，更多的是亡羊补牢，不能提前预防，并且在传递思想政治信息的过程中缺乏时效性和新鲜感，这就直接使得思政教育课程案例相对陈旧，即使是天天更新教案的思政老师，也因为课程安排的限制不能和新媒体信息的分秒必争相媲美，这是由新媒体本身的媒介属性所决定的。而在授课方面，传统思政教育因为授课方式的局限性，很难做到个性化教学，传授知识大水漫灌，对学生来说课程的吸引力进一步降低，由此导致传统思政课程缺乏趣味性。

最后，传统的思政教育在学生离开课堂之后，老师很难向学生持续传授相关知识，只能通过留课堂作业、线下讲座、会议等方式来弥补空缺，但是本质上没有融入学生的日常生活学习中，为了教而教，脱离了现实，让学生们很容易产生疏离感，使其感到在思政教育上学到的知识浮于理论层面很难运用到实际的实践活动中。

二、系统构建高校网络思政教育体系的必要性和紧迫性

（一）系统构建高校网络思政教育体系的必要性

不同于传统媒体时期，学生们获取思政信息的主要渠道是课堂，现在的学生可以通过网络中的各个渠道来接收思想政治信息，而网络的自由性和传播性，导致了一些消极、扭曲的价值观和意识形态无时无刻不在侵蚀着学生们的思想和观念。如果说在一些传统领域中网络起到的是辅助作用的话，在思政教育领域，网络就是"第二战场"，并且因为媒介的特点，网络这个"战场"不稳定性更高，话语权更容易被削弱和取代。如果高校不能建立系统的网络思政教育的舆论阵地和宣传阵地，那么被其他媒体抢占了话语权，正确的国家思政信息与意志不能有效地传达给广大的学生们，对青年一代高素质人才队伍的建设将是毁灭性打击。

（二）系统构建高校网络思政教育体系的紧迫性

党的十九大提出，加快教育强国建设是建设社会主义现代化强国和实现中华民族伟大复兴中国梦的必然要求。而培养高素质全球治理人才是建设教育强国的必由之路，因此很多高校都把落实培养高素质全球治理人才提升到了战略高度，思政教育的紧迫性也随之凸显。学生在接受全球治理意识的培养过程中，要接触大量外国文化并受其意识形态的影响，如果不能牢牢把握住以马克思主义为核心的意识形态，就会导致培养的人才政治导向和意识形态发生偏移，培养高素质的全球治理人才也就无从谈起。并且随着改革开放的进

行，国外意识形态和价值观通过网络、电影、文学等不同媒介的渗透加剧，坚守国内青年一代思想阵地的任务越发艰巨，尤其是到了新媒体的时代，青少年获取信息的渠道广泛，而相关方面又缺乏监管，高校网络思政教育系统的筹划，在网络这个"第二战场"建立起坚实的舆论阵地和宣传阵地，起到上行下达的信息传递与舆论导向作用。

三、网络全球化视域下高校思政教育的困境

（一）思政课堂教学缺乏创新机制

在网络全球化背景之下，高校思想政治理论课教育的教学内容和方法均遭受了冲击。在思政教育课堂上，教学内容与现实生活缺乏联系、理论与实际相脱离的灌输式教学，如空中楼阁，让学生缺少近距离的接触感；陈旧的教学理论，千篇一律的历史事件，学生从小学到高中一路学习过来，已难以满足学生的知识扩张需要。传统的课程讲授方法已难以获得学生的认同，反而加重了学生学习负担，增加了学生的抵触情绪，学生整体接受程度不高。在网络全球化背景下，思政课堂重要性被弱化，资源获取已不再困难，学生可以很容易地获取到多重资源，同时也增加了陷入思想误区的风险。

（二）思政专业队伍应对能力不足

一是全球化网络信息传播的多维性带来了负面影响。意识形态传播门槛的降低，使一些自媒体、短视频平台为了点击率进行诱导传播，故意散布与主流意识形态不符的奇谈怪论，并因其差异性而

得以病毒式传播，占据了价值引导空间，使一些思政教师的政治信仰发生偏离，理想信念动摇。二是在繁重的教学科研任务，尤其是职称评聘的压力下，教师往往难以投入大量时间和精力参加思想政治教育活动，部分教师不能与时俱进，专业能力薄弱，没有对错误思想理念开展针对性纠错、纠差教育，导致思政教育效果差。高校思政教育的传播者，在网络全球化的冲击下，其权威性、专业性地位逐渐丧失，其对于学生思政教育面临更大挑战。

（三）高校网络舆论阵地遭受冲击

一是网络全球化背景下，高校校园网络官方权威性遭受冲击。学生多元化的信息获取渠道、获取频率、获取时限都让校园官方网络不再"一家独大"，官网沦落为只是发布公示、寻物启事的平台，校园网络的思政教育功能正逐步丧失，新媒体平台缺乏教育抓手。二是校园网络呈现多元化、多极化形势，高校网络舆论阵地言论极易失去控制，马克思主义理论、习近平新时代中国特色社会主义思想等社会主义思政宣讲被其他多重理论包围，使学生思想体系建构容易遭受其他文化冲击，对其价值观培养不利。

四、推进高校网络思政教育体系的构建

（一）充分发挥网络媒介优势

网络思政教育体系的构建绝对不是简单地把课堂搬到网上，而是充分发挥网络媒介的优势（即及时性、互动性、传播性、公众性、长期性、渗透性等）。传统思政教育依托固定时间、地点、教材，造

成了信息滞后，传播范围有限，课堂互动少，模板化，教育浮于表面等问题，而互联网的出现打破了空间的隔阂，各高校可以积极组织优秀的思政课老师开设网络课程，把更优质的师资队伍集中起来，把第一手的国家思想政治信息和政治见解通过在线课堂或者微信、微博等新媒体传给学生，充分发挥网络传播范围广，跨越地域的特点。而且网络思政课程和讲座不同于传统思政教育，其相关视频素材可以长期保存，随时回看，可以把优质的信息分享给更多的学生和公众，不像传统媒体时期，思政课程具有短暂性，即使是最优质的思政教育资源也只能惠及少数学生。

此外，受到传统思政教育媒介的限制，教师和同学们的互动手段单一，互动效果差，通过网络媒介老师可以通过线上课堂互动答题，来实时反馈全体学生的知识掌握情况，通过课堂助教也可以进行实时的问题反馈，课后任课教师还可以根据学生在线上课堂的留言，进行针对性的问题解答和后续备课。

网络媒介的及时性不仅仅体现在新媒体信息比传统思政课程相对陈旧的案例更能追寻到热点的思政话题和最新的思政信息，提高了同学们对于思政新闻的关注度和好奇心。更在于通过网络上学生的言行，老师们可以实时掌握学生的思想动态，在学生的思想和政治倾向发生偏移时，能在萌芽期予以纠正，从根源防止事态进一步扩大。

（二）拓展网络思政教育的多元性

网络思政教育体系的构建，绝不仅局限于网络授课，首先要做到及时更新高校思政、党建方面的微博、公众号等官方媒介的信息，努力把好第一手思想政治信息和主流意识形态的舆论主阵地。网络的出现，导致了信息大爆炸，大量冗余的信息被学生在有意无意之间接收，这其中不可避免会接收到消极的文化与意识形态，低俗的价值观，高校作为向学生传达国家第一手思政信息与国家意志的前线阵地，占据绝对的话语权和舆论导向是非常必要的。

其次要拓展主流意识形态和思政信息的宣传渠道，比如制作思政教育宣传片、短视频、MV、动画等，通过影视化的宣传手段来拓展意识形态传播的渠道，用故事、用情感传播主流价值观，比枯燥的课本和课堂传授方式，更加符合当代大学生的特点，也更有趣味性，并且同学们可以用碎片化的时间来接收思政信息，能让思政信息传递的触角更好地渗透到学生的日常生活中，其媒介方式也更有利于在学生之间相互传播。

此外通过网络知识竞赛、H5小游戏、宣传海报、广播剧、舞台剧等形式，以寓教于乐的形式把思政教育渗透到大学生活的方方面面，潜移默化地引导学生树立正确的价值观与意识形态，使其方式与当代大学生的生活方式与获取知识的渠道相匹配。

（三）强化与网络思政教育相契合的师资队伍建设

多渠道、个性化的网络思政课程教育体系的构建，离不开专业化的师资队伍，老师在其中扮演着引导者、教育者、学习者等多重身份。身为思政工作者，在充分了解、熟练掌握理论知识的基础上，如何把自己理解的知识通过各种媒介和方法传播给学生，并让学生充分了解是一个永恒的问题。在思想政治教育领域，网络作为一个新的"战场"，是必须拿下的宣传阵地和舆论阵地，这里比传统思政课堂离学生更近。而要在这个新"战场","能打仗、打胜仗"就需要思政教师苦练内功,走"专""精"的路线。高校也应该培养一批掌握传播学、影视学、戏剧学等媒介相关专业知识,熟练操作新媒体和影视后期软件的综合化复合型的高素质思政教育工作者,充分利用好网络这个媒介。

综上所述,在日常的思政教育过程中,要充分考虑媒体对于当今学生的影响,建立"两微一端"立体化、多层次、全方位的网络宣传阵地与舆论控制阵地,把握好主流价值观和意识形态的权威地位。建立长效的反馈机制随时关注学生们在互联网的言论和行为,让学生们免于受到互联网中腐朽、落后的思想文化、价值取向、政治主张的侵害,把危险扼杀在萌芽阶段。

当然上述的结论并不是要高校放弃传统的思政教育方式,全面投入到网络思想教育体系的构建中,而是针对传统思政教育的局限性,建立健全网络思政教育体系,长效舆论监督体系,完善的反馈评价体系。总之,在当前大力培养全球治理人才的关键期,伴随互联网的高速发展,学生的思想政治教育所面临的挑战越发严峻,腐朽思想和意识形态传播的途径和方法也在逐渐增多,全方位、立体化构建思政教育体系的任务迫在眉睫。

第二节 三"微"平台下高校思想政治
教育的创新发展

随着互联网技术的发展，三"微"平台成了当下人们互动和交流的重要媒介形式，方便了人们的沟通、互动及信息获取。三"微"平台对于推进高校思想政治教育创新具有重要的作用，比如，可以有效丰富高校思想政治教学内容及教学手段、有效提升高校思想政治教师的思维和能力、激发学生参与课堂教学的积极性。

一、三"微"平台的概念及特征分析

（一）三"微"平台的概念阐释

三"微"平台是指以微信、微博、微视频为核心的新媒体互动平台。随着互联网的发展，三"微"平台在高校思想政治教学中扮演着重要的角色。通过三"微"平台的有效介入，课堂教学活动更加多元、有趣，并与社会时政建立起了紧密的联系，对于拓宽学生视野，提升学生的思想政治学习热情有着重要的促进作用。

微信，即 WeChat 的简称，它是由腾讯开发的一款社交、移动应用程序，使用者可以借助微信平台来进行即时的通讯和信息共享。这款软件平台对于高校思想政治教学改革起到了重要的促进作用，为教学活动提供了多元、丰富的学习资料，也开辟了新的教学渠道

和方式。

微博，是指基于用户关系，通过关注机制分享简短实时信息的广播式的社交媒体。从其传播内容来看，微博更加侧重于对社会现象的有效传播，使用者可以通过微博获取最火热的新闻内容，并通过转发、互动等方式来实现信息的裂变传播。

微视频，即通过移动设备进行小视频拍摄、上传、共享的方式，微视频一般短小精悍，内容丰富，具有很强的大众参与度和随意性。目前微视频平台十分活跃，各个职业人士都习惯通过拍摄微视频来实现与粉丝的互动，不仅可以实现信息共享，还能够为平台注入流量。

（二）三"微"平台的特征分析

以微博、微信、微视频为核心的三"微"平台，有很强的传播性、即时性和互动性。首先具有很强的传播性。在互联网时代，三"微"平台作为信息传播最有效的平台，其借助大数据技术以及互联网技术实现了对于信息的传播，并通过流量导入吸引更多用户积极参与，从而体现了较强的传播性。对于高校思想政治教学而言，三"微"平台为课堂教学提供了很好的内容载体，有助于充分提升思政课堂教学效果。其次具有较强的即时性。在万物互联的时代，互联网平台在很大程度上缩短了信息与受众之间的距离，从而能够让受众在第一时间内掌握最新发生的信息和新闻。对于高校思想政治教学而言，教师可以利用最近的新闻信息作为教学案例，对课本教学知识进行有益补充，这对于延伸课堂教学效果具有重要意义。再次具有较强的互动性。三"微"平台的互动性主要体现在师生之间的有效互动和良性沟通，无论是微博、微信还是微视频，教师和学生都可以借助这些平台，来进行学习和生活上的沟通，老师还可以建立微信群为学生答疑解惑，从而全方位地了解学生的心理世界，从而为他们的学习和成长创造条件和机会。

二、三"微"平台对于高校思想政治教育的意义研究

三"微"平台建设对于高校思想政治教育具有重要的意义，作为一种新型的媒介形式，三"微"平台具有很强的即时性、互动性和高效性，能够为教学活动提供丰富的内容和载体，对于活跃课堂氛围，提升学习实效性具有重要意义。具体而言，三"微"平台对于高校思想政治教育的意义主要体现为：有效丰富了高校思想政治教学内容及教学手段、有效提升了高校思想政治教师的思维和能力、有效激发了学生参与课堂教学的积极性和动力，下面将对此进行分析。

（一）有效丰富了高校思想政治教学内容及教学手段

三"微"平台有效丰富了高校思想政治教学的内容和教学手段，对于提升教学效果具有重要的促进意义。第一，三"微"平台能够实现信息的高效整合，通过将语言文字、语音、视频等进行系统化整合，可以为思想政治教学提供丰富的信息。比如在高校思想政治教学过程中，可以利用微信、微博、短视频等来获取最火的新闻，来作为课本教学的有益补充。另外，在学习过程中，老师可以给学生布置相关的学习任务，让学生自行到网上去查找有用的信息和材料，这个过程不仅仅提升了学生的知识理解能力、拓展了其知识面，同时也在很大程度上提升了学生的学习能力。第二，三"微"平台有效丰富了高校思想政治教学手段。师生可以利用微视频、博客、社交 App、论坛等，进行在线师生互动交流，围绕某一问题进行有效交流和沟通，从而更好地实现知识的交流和更新，对于有效提升课堂教学效果起着重要的促进作用。

（二）有效提升了高校思想政治教师的思维和能力

教师是课堂教学活动的引导者，教师的教学方法和教学能力，直接决定了高校思想政治课堂的效率，也对学生的发展起到了重要的影响作用。因此，对于教师而言，要注重自身教学方法和教学能力的提升。三"微"平台在高校思想政治教学中的有效介入，对于提升教师的思维和能力具有重要的促进作用。第一，有助于转换教师的传统教学思维。在传统教学过程中，学生在课堂上没有机会利用多媒体进行学习，而三"微"平台的实现，为学生利用多媒体开展学习提供了基础和思路。作为教师，也实现了自身教学思维的转换，认识到思想政治学习的本质，应该实现与时代同步，善于利用新型的教学工具来辅助教学。第二，有助于充分提升教师的能力。三"微"平台在高校思想政治教学中的有效运用，有助于实现教学内容与教学目标的精准匹配，在教学过程中老师可以结合学生的学习需要，利用三"微"平台来选择合适的学习内容，从而更好地满足学生的学习兴趣、爱好等，使之可以更好地实现自我成长，这个过程也是不断提升教师教学能力的过程，对于实现教学相长具有重要的推进作用。

（三）有效激发了学生参与课堂教学的积极性和动力

三"微"平台有助于激发学生参与高校思想政治课堂教学的积极性和动力。首先，三"微"平台能够让教学过程变得更加有趣、活泼，满足了学生的学习心理需求。比如可以借助微信、微博、视频平台等教学工具，实现教学内容的发布，能够将枯燥的理论知识转换成为生动的语言，这样可以让学生更容易接受。其次，三"微"平台的有效介入，打破了传统的教师主导地位，学生也有充分的时间参与其中，这样有助于提升学生的积极性和兴趣，使之以更加饱满的精神融入学习中去，实现自我实力的增强。最后，三"微"平台为学生的交流和互动提供了开放的平台，学生可以有机会参与到新闻讨论中去，对于新闻事件、社会现象进行观察和分析，从而提升其辩证分析能力和逻辑思维能力，对于他们今后的成长和发展起到奠基作用。

二、三"微"平台在高校思想政治教育运用中存在的问题

三"微"平台对于高校思想政治教育具有十分重要的意义，对于提升教师能力、强化学生兴趣、提升教学效果等多方面都有重要意义。但是目前三"微"平台在高校思想政治教育中的运用现状并不乐观，影响了教学效果的有效提升。这些问题主要体现为：高校思政课堂与三"微"平台的融合度不够高、高校思政课程教师缺乏三"微"平台运用能力、教学过程中学生运用三"微"平台的积极性不足等，下面将对此进行深入的探讨。

（一）高校思政课堂与三"微"平台的融合度不够高

目前高校思想政治课堂与三"微"平台的融合度不够高，这在一定程度上影响了教学效果的提升。首先，三"微"平台作为信息化时代的重要产物，其较强的信息收集能力、较大的网络流量和便捷的交流方法，都是传统通信手段无法达到的，所以三"微"平台在思想政治教学中的有效运用，为新时期教学改革打开了一扇大门。但是对于高校思想政治教学而言，传统的教学模式依然占据主导地位，三"微"平台在短时间内难以取代传统教学模式的地位，即高校思想政治课堂与三"微"平台融合度不够，难以形成合力，推动教学效果的提升。其次，三"微"平台的发展日新月异，信息更新速度很快，而传统思想政治教材的更新速度则较慢，这两者之间的矛盾就导致了高校思想政治课堂内容整合度不够，难以从根本上促进教学效果提升。

（二）高校思政课程教师缺乏三"微"平台运用能力

不少高校思想政治教师缺乏三"微"平台的运用能力，这在一定程度上影响了教学活动的顺利开展。首先，很多教师对于新媒体技术了解不深，缺乏对三"微"平台的运用能力。在教学过程中，无法借助三"微"平台来获取与课堂教学相关的知识和内容，也不善于利用三"微"平台来开展教学活动，从而使教学活动流于形式，难以真正让学生从中受益。其次，很多高校思想政治教师对于三"微"平台的运用缺乏"度"的把控，不少教师过度运用三"微"平台，导致思想政治课堂娱乐化过于明显，学生在课堂上"猎奇心"

很重，过于热衷于新闻事件、社会热点等，反而忽视了对于理论知识的学习；还有的教师过于保守，对于三"微"平台的运用不足，依然采取较为传统的方法授课，很少利用三"微"平台开展教学活动，这也不利于学生活动的开展。总而言之，从目前来看，不少思想政治教师运用三"微"平台的能力不足，制约了教学活动的顺利进行，不利于充分提升教学效果。

（三）教学过程中学生运用三"微"平台的积极性不足

很多大学生在进行高校思想政治学习的时候，缺乏运用三"微"平台的积极性。学生作为学习的主体，如果无法提升学习积极性，那么学习效果必定不理想。首先，通过调查可知，不少学生几乎不借助微信、微博来与教师进行学习沟通，他们认为微信和微博的内容属于私密信息，不愿意将个人的生活与学习绑定在一起，这其实就阻碍了学生与外界的联系和沟通，难以从外界获取与学习有关的内容。其次，一部分学生仅仅是为了"娱乐性"而选择三"微"平台，但是他们更多的不是进行学习，而是上网、玩游戏等，这在很大程度上阻碍了他们学习效果的提升。更有不少学生受到网络负面信息的侵蚀，思想境界降低、漠视道德与法律、自控意识不足、缺乏个人信仰等，沉迷于网络世界，而忽视了现实世界。这些问题的存在，都可以深刻地认识到大学生对于三"微"平台的运用不足，学习积极性很差，难以真正提升思想政治学习的有效性。

四、三"微"平台在高校思想政治教育中的创新发展策略

三"微"平台在高校思想政治教育中的有效介入，对于强化学习效果有着重要的作用，针对上述教学中存在的问题，应该对症下药选择正确的处理方法，以此来对教学活动起到良好的促进作用。具体而言，高校应加大对思政课程运用三"微"平台的支持力度、教师要强化三"微"平台的运用能力、大学生要提升对三"微"平台的参与热情。

（一）高校应加大思政课程运用三"微"平台的支持力度

要想从根本上提升三"微"平台在高校思想政治教育中的有效性，高校必须要加大对三"微"平台的支持力度，从而促进教学活动的顺利开展。首先，高校要积极实现三"微"平台的建设与开发，通过打造校级三"微"平台，在其中注入正能量的内容，来对学生的思想政治学习起到表率作用。为此，高校可以成立专门的新媒体运营部门，使其负责官微及短视频的管理和运营，通过对思想政治理论知识、新闻热点、意识形态等内容的有效打造，能够对思想政治课堂起到较强的推动作用，同时还可以有效地提升大学生的价值观、人生观和世界观，从而促进他们的成长和成熟。其次，高校还可以打造属于本校的 App，在其中开设新闻视角、思政话题、网络学习、互动社区等版块，让师生广泛参与，进行自我学习和交流，从而实现教学相长，不断实现个人进步。最后，对于高校而言，要想让三"微"平台对思想政治教学起到正向的推动作用，就必须加强信息的审核，坚持将正向、健康的内容推送给学生，让学生从中汲取正能量，只有这样才能更好地实现自我成长和进步，达到思想政治教学的目标。

（二）提升高校思政教师三"微"平台的运用能力

提升高校思想政治教师三"微"平台的运用能力，对于不断提升教学效果有着重要的意义，首先，教师要更新自身的教学理念，充分认识到三"微"平台的重要意义。在互联网高速发展的背景下，要想让思想政治课堂得到更好发展，就必须要求教师转变自身的教学思想，认识到新技术对于思想政治课堂的革命性意义，只有这样才能够更好地满足师生的学习需求。一方面，作为老师，应该提升三"微"平台线上线下互动教学，老师要利用这一平台来准确把握学生的学习情况；另一方面，作为老师，也应该将三"微"平台作为教学的辅助性手段，为学生第一时间推送学习内容，从而促进学生的学习和进步。其次，教师要注重提升自身的运用技能，提升操作能力。老师要掌握这些新技术、新平台的操作方法，通过正确合理的方式来进行教学引导，提升三"微"平台的实操水平。最后，提升教师的媒介素养。特别是对于开放性的网络话题，老师应该积极鼓励学生发言，不必拘泥于标准答案，引导学生进行思维扩散和多维度思考，只有这样才能够让他们更好实现自我进步，提升学习自信心和动力，为他们今后的发展打下坚实的基础。

（三）不断提升大学生对三"微"平台的参与热情

学生是学习的主体，在课堂教学中，为了更好地提升三"微"平台的教学效果，就必须要提升大学生对三"微"平台的参与热情。首先，注重提升学生的三"微"平台自主性。老师可以在布置课堂作业的时候，鼓励学生到三"微"平台获取信息，还可以开辟三

"微"平台沟通渠道，与学生进行课堂知识的讨论等，这都是提升学生自主性的有效办法。其次，要提升学生使用三"微"平台的参与性。老师可以多设置教学活动，让学生从活动中感受到学习的快乐，进而让枯燥无味的理论学习内容转化成活跃有趣的学习内容，这对于延伸课堂效果有重要意义。最后，要提升学生使用三"微"平台的准确性。面对丰富的网络信息，要善于注重对于精准信息的把控，只有将网络信息与课堂信息紧密结合起来，才能够做到学以致用，达到知行合一的目的。所以，必须要从大学生使用三"微"平台的自主性、参与性、准确性入手，来激发他们的学习热情，方能取得有效效果。

三"微"平台对高校思想政治教育的创新起到了极大的推动作用，对有效地提升教学效果、促进学生成长具有重要意义。上述内容对三"微"平台对教学的意义、存在的问题以及提升策略进行了有效研究，指出了当前高校思想政治教学运用三"微"平台存在的误区和问题，并提出了合理、科学的改进建议，力求可以为提升高校思想政治教育效果指明道路。

第八章　高校团建与全球治理人才培养

第一节　高校共青团政治引领路径研究

为开启第二个百年奋斗目标新征程打下最坚实的基础，高校共青团政治引领的难点和重点需要梳理、反思和总结。2018年6月，共青团的十八大报告强调，政治性是共青团第一位的属性，必须把政治建团作为最高原则。要切实增强"四个意识"，自觉在政治立场、政治方向、政治原则、政治道路上同以习近平同志为核心的党中央保持高度一致。2020年8月，习近平总书记在致全国青联十三届全委会和全国学联二十七大的贺信中强调，"青联和学联组织要紧跟时代步伐，把握青年工作特点和规律，深化改革创新，组织动员广大青年和青年学生要坚定跟党走，奋进新时代，为党和国家事业发展作出新的更大的贡献"。因此，要把加强政治引领放在当前共青团工作更加凸出的位置，为开启第二个百年奋斗目标新征程打下最

坚实的基础。近年来，在具体实践过程中，新时代高校共青团政治
引领的难点和重点急需梳理、反思和总结，进而以此为基础，推进
和创新政治引领路径，落细、落小、落实，提升其质量。

一、高校共青团政治引领的内涵

要把握高校共青团政治引领内涵，首先要厘清其历史发展轨迹，
从历史维度来追溯其本源与延伸的意义。我们结合已有研究简要梳
理了政治引领的历史发展情况。自共青团诞生，中国共产党就加强
对其进行思想建设。政治引领是高校共青团思想建设的重要内容，
在不同历史时期有不同内容，如在革命战争年代，聚焦革命理想信
念教育，组织青年投身革命；在社会主义建设时期，聚焦引导青年
拥护社会主义制度；在改革开放时期，凝聚青年力量建设中国特色
社会主义。之后，高校共青团政治引领有几个时间节点，主要包
括：2003 年，共青团的十五大后思想引领或思想引导代替思想政
治工作或教育。2008 年，思想引领作为共青团的基本职能写入报
告，党中央在共青团的十六大致辞中也多次提到"引领""吸引"
等。2015 年，党中央召开群团会议，政治性在思想引领教育中被
强化。整体上，高校共青团思想建设经历了"思想政治工作""思
想政治教育""思想政治引领"等话语变迁，这深刻反映出共青团
思想政治工作的理论基础、内容与方式跟中国共产党、国家和时
代的紧密联系。

在理论研究方面，关于高校共青团组织政治引领内涵的研究较
多。如学者刘红旗指出，高校共青团思政引领要敢于打破常规，力

争走在时代前列①。戴冰认为"党旗所指团旗所向"，政治引领是党的政治建设在青年工作领域的核心任务②。杜志惠认为它是一项具有鲜明时代特征和实践特点的思想政治教育活动，具有政治性、先进性、群众性、多媒体性和创新性等特征③。从中可以发现高校团组织政治引领是在中国共产党的领导下进行，并有其自身的规律和特点的政治教育活动。

综上所述，新时代高校共青团组织的政治引领是以马克思主义中国化最新成果，即习近平新时代中国特色社会主义思想为指导，突出政治建团的第一属性，以团组织为主体，在深刻把握青年需求、青年话语、青年思维、青年特点等基础上创新创造，不断促进青年政治人格养成的思想政治教育活动。

二、高校共青团政治引领的现状

自 2017 年 1 月团中央发布《关于新形势下推进从严治团的规定》以来，共青团在去"四化"（机关化、行政化、贵族化、娱乐化）、强"三性"（政治性、先进性、群众性）、建"四维工作格局"（凝聚青年、服务大局、当好桥梁、从严治团）等方面进行了大量的探索和实践。共青团的工作内容、作风、形象等出现了根本性变化。但受到西方不良思潮冲击、网络负面舆论侵蚀以及在实际工作中存在凸出的"四化"现象，在一定程度上反映出团组织的组织力、吸引力、服务力等方面还有所不足，在把青年凝聚在党的周围，齐心

---

① 刘红旗. 新形势下高校共青团思想政治引领工作策略研究［J］. 长春师范大学学报，2019（01）.
② 戴冰. 共青团加强政治引领的目标与路径［N］. 中国青年报，2019-08-06.
③ 杜志惠. 新时代高校共青团思想政治引领探究［J］. 教育观察，2019（19）：20.

协力共筑"中国梦"方面还需付出更大努力。当前运行情况如下：

（一）组织形式严格，内容供给浅化

全面深入推进群团改革以来，共青团组织形式更加严格，流程进一步细化，在团组织架构、设置原则、大会召开与选举、入团、推优等方面均做了详细规定，其标准化、规范化得到有效提升。团组织活动，如团日活动开展、"三会两制一课"召开、星级团支书、魅力团支书与五四红旗团支部评选等要求从高，名额从紧，程序从严。这是加强政治引领的应有之举。

而团组织在内容供给方面还不足，对青年团员实际需求把握不够。课题组在调研中发现大部分团员对共青团政治引领效果的评价多为内容不聚焦、趣味性不强、重点不突出等，反映出共青团没有真正发挥引领青年、解决思想问题、组织育人等作用。同时，内容供给不准确易降低青年参与团组织活动的积极性或者出现应付现象。这也是共青团政治引领需持续关注和创新的课题。

（二）活动方式多样，效果呈现欠佳

新时代团组织活动方式丰富多样，线上线下协同发展，努力满足了青年学生对组织活动方式的需求。如青年大学习（短视频）、《中国青年报》连载的《习近平与青年朋友们》系列、暑期社会实践、红色景点参观、与社会大课堂结合的团课和党课等在青年群体中反响热烈，这些活动互动性、参与主体性强，能够较好表达和回应青年的内心期盼与渴求。

但团组织常规活动如团日活动、团课、党课、组织生活等政治引领明显的活动效果欠佳，也缺乏对效果的评价。部分学生被动参与，并刻板认为其是洗脑教育。在调研中，有团干部说，"过多的举办引领活动可能会引起同学们的疲倦感"。大部分学生都把精力主要放在学业中，如何与第一课堂有机融合，并高效发挥"第二课堂"作用，是高校共青团组织面临的又一个重要课题。

（三）运行时间断续，价值挖掘不足

团组织擅长凭借重大时间节点举办重要活动，增强仪式感、纪念感、参与感，对青年政治引领具有积极意义，能够有效提升他们的获得感。不过，团组织实践运行中，很多活动都是即兴为之，临时号召团员参加，持续时间还相对较短，内容往往也不深刻，这一方面可归因于活动较多，但更重要的是团组织活动缺乏整体设计。因此，时间上的断断续续直接影响了青年政治参与的动力和政治行为的转化力。

团组织活动价值挖掘不足，与青年实际需求不匹配。采访中，有团员提到团组织活动"重参与，轻思考"，主题教育、红色资源参观等停留在表面，用于引导青年学生思考、转化为行动的时间很少，有可能给青年学生产生活动无价值感，最终导致团组织活动成为校园边缘活动。团组织活动应追求知识性、情感性和价值性的统一，进而全方位影响青年健康成长，实现育人成效。

三、高校共青团政治引领的难点

中国共青团组织自 1922 年 5 月成立时就作为中国共产党的助手和后备军，与中华民族的伟大复兴事业联系在一起。共青团组织是在中国共产党的关怀和领导下成长和发展起来的，这是共青团组织的光荣传统。青年政治引领本质是马克思主义青年化，即引导广大青年学习马克思主义，践行马克思主义世界观、人生观、价值观。新时代共青团政治引领就是用习近平新时代中国特色社会主义思想引导广大青年始终听党话跟党走，积极主动融入中华民族伟大复兴的"中国梦"中去。

政治引领难点为在共青团政治引领过程中面临的重大挑战，其重点意在政治引领中的主要着力点。难点与重点相互联系、相互制约，解决好了难点才能更好推进重点工作；而有效推进了重点工作，难点也会迎刃而解。当前共青团政治引领的难点就在于如何把习近平新时代中国特色社会主义思想和青年进行有效连接，成为青年政治生活必要的组成部分，从而涵养和赋能青年的政治成长。

（一）宣传渠道：基层宣传力量薄弱与渠道多元化的挑战

2018 年 8 月，习近平总书记在全国宣传思想工作会议上强调："做好新形势下宣传思想工作，必须自觉承担起举旗帜、聚民心、育新人、兴文化、展形象的使命任务。"宣传工作责任重大。共青团组织宣传渠道问题主要包括两大方面：一是基层团组织宣传力量薄弱。尤其班团层面宣传较少，多为宣传的参与者；二是面临多元宣传渠道挑战，官方宣传很少能够引起强烈关注。目前在"全团主抓基层"的背景下，基层团组织活力、组织力进一步提升，团支部在班级活动中越来越居于指导、引领的作用。但距离真正的活力团支部还存在一定差距，在宣传方面用力还不够。团支书、团支部在班级内开展的宣传乏力，缺乏身边的政治引领。同时，应看到基层团组织负责人专业、能力、经历不足等原因造成难以有效传达上级团组织政治引领的要点，多成为宣传活动的参与者。高校班级基层团支部是广大青年团员日常接触最多的团组织，需重视这支宣传队伍的建设。

宣传渠道多元化一直是当前共青团组织宣传工作面临的主要问题，大众接收信息来自各个方面，易使主流宣传被稀释。习近平总书记高度重视网络内容建设，指出："正能量是总要求，管得住是硬道理，用得好是真本事。"在传统媒体与新兴媒体融合时代，宣传工作必须持续创新。共青团组织要积极通过创新来建立宣传阵地、获得宣传主动权，进而正确应对此项挑战。

（二）话语转化：是否具有价值感与时代性

把理论讲明白辩清楚是共青团组织政治引领的重要目标。理论是行动的先导，在某种意义上，共青团政治引领即用马克思主义理论来武装青年头脑、引导青年奋斗方向和确立人生理想。理论来源于生活也高于生活，政治引领必然会面临理论话语转化问题。话语是某种事物对外表达和宣示存在的言语符号系统，在沟通、交往、宣传、描述、告知等活动中具有特殊性。共青团政治引领的话语转化问题：首先，话语对青年学生是否产生价值感。话语要能够直击学生成长需求，能够解决学生在知识、思想或情感上的难题。在研究中遇到有团员说政治引领的活动相似度都比较高，这种十分类似的活动势必会降低政治引领活动的质量和效果。教育学家维果斯基指出，教学应着眼于学生的"最近发展区"，为学生提供有一定难度的内容，才能调动学生的积极性。话语表达也要注重"最近发展区"，带给青年学生更多的价值感。

其次，话语是否具有时代性。习近平总书记指出，"青年是标志时代的最灵敏的晴雨表，时代的责任赋予青年，时代的光荣属于青年"。政治引领话语要切中新时代青年的特点，符合移动网络时代青年的"口味"，构建青年话语。话语呈现不能局限于传统的语言文字，要灵活运用图像、短视频等立体化、创新性展示，才能抓得住、凝聚好青年。

（三）覆盖面：受众的局限与内容泛而不精

当前，共青团组织政治引领存在受众的局限问题。团组织政治引领工作主要面向团组织及其团员，对于其他学生群众较少涉及。同时，它的主要实施者为团组织负责人，包括院系团组织干部、班级团支书、支委会成员等，而其他团员更多是旁观者。作为团干部，他们愿意做这项工作并不一定出于深刻理解政治引领的内容和重要性。课题组在访谈中证实很多团干部的工作动力来源于个人主动性和对班级团支部的自愿贡献，大多做了一年之后会选择不当团支书。这严重影响政治引领主体的积极性。因此，团组织政治引领受众应扩大范围，从团内延伸至广大青年学生，真正发挥团支部引领青年、服务青年的职能。

同时，政治引领还存在引领的内容泛而不精，缺乏品牌引领。共青团政治引领目标还包括政治认同、情感认同、思想认同和行为认同，是知、情、意的统一。实际上，其内涵和外延十分宽泛，而要引导青年在大学四年间养成正确的政治品格着实为一项重大挑战。不少团干部反映学习的主题、参与的活动非常多，这会造成数量消解质量，在听和看中草草结束活动，缺少独立思考和领悟的时间。

此外，各大团支部政治引领形式、活动内容趋同，缺少对某一个主题长期深耕且具备品牌的活动，这也是导致共青团政治引领力不强的重要因素。

（四）效果评价：不重视评价与不完善的评价体系

共青团政治引领因其主观意识强，且主要塑造青年的"三观"，因而在实际工作中很难去量化和评价，其效果也需要较长的时间或者遇到特殊时期才可能显现。在当下工作中，对政治引领活动评价的忽视应引起足够的注意。调研中，课题组看到团员和团干部对优秀团员、优秀团干部、魅力团支书、星级团支部、五四红旗团支部等荣誉并不那么关心，甚至申报人数有时还低于可获得荣誉的名额，多种荣誉集中在少数人身上，这种总结性评价并没有发挥激励作用，从总体上会影响政治引领效果。

共青团政治引领在评价方面存在的另一个问题是体系不完善。评价一般包括形成性评价、过程性评价和总结性评价等，但当下工作中主要是评优等侧重结果的总结性评价，对过程监督测评较少，学生参与的主动性和积极性都不强，很多工作任务是集中在短时间内快速完成的，背离了政治引领活动的目的。同时，在以评促改、以评促建方面收效甚微。如榜样树立离学生比较远，联系不多，形同虚设，没有很好发挥朋辈影响的正面价值，反而降低了青年对榜样的关注。

四、高校共青团政治引领重点

马克思主义矛盾论中有个很重要论断——重点论，即研究复杂事物的发展进程时，要着重地把握它的主要矛盾，而面对一种具体的矛盾时，要着重把握它的主要方面。抓住了重点，其他次要问题就会迎刃而解。当前共青团开展政治引领工作的必要性、重要性已十分明确，而如何推进政治引领获得切实效果是当前工作的重中之重。

共青团政治引领的重点就是工作实践中的发力点，即要重点推进和解决的重点问题。其根本方向在于用习近平新时代中国特色社会主义思想引导青年个体与群体的政治人格的塑造，凝聚广大青年在党的周围，听党话，跟党走。针对政治引领的实际情况和难点，重点做好以下四个方面工作：

（一）契合需求，致力于青年学生知、情、行的认同

根据马斯洛需求层次理论，人都有自我实现的需求，且这些需求的层次是一个从低到高的过程。对于高校学生而言，处于成长期的他们都有自我发展的强烈内在需求。在政治引领工作中要善于去利用和呵护好青年的这种内驱力。在调研中问到在政治引领中有何具体实际需求时，他们的答复包括知识上的积累、理论认识上的进步、相关政策的系统把握、人生奋斗方向的明确以及"三观"的塑造等。总之，青年需求和共青团政治引领工作目标一致，当前要做的就是如何满足这些诉求。

首先，要深入青年中去加强调研。这一方面体现为对青年的关心，更在于了解青年内心的想法和困惑。除了常规线上线下调研渠道，要注重培训基层团干部、团支委的调研能力和水平，注重发挥他们的作用。其次，要聚焦特色，打造品牌化的政治引领项目。可

以从班级团支部着手，综合考虑专业、人数、地域、经历等因素确定引领的内容，分层分类推进政治引领，在此基础上形成品牌项目，并不断优化和传承下去。比如某校行政管理专业本科班团支部就采用了该方式，每一届团支部在政治引领工作上均有突出表现。最后，要挖掘引领内容的深度。提供给青年在思想、知识、情感等方面能启人思考、引发共鸣的内容。

（二）分层分类，推进精准引领和拓宽范围同步进行

共青团政治引领重点在团员，重点中的关键少数就是团干部。他们是政治引领工作的主体，扮演着策划者、组织者、参与者和受教者等角色，直接关系到共青团组织的形象，影响着对身边其他学生群众开展政治引领的效果。不过，也要看到政治引领仅仅面向团员着实不够。政治引领本质是带动广大青年，这里既包括团员，也覆盖群众。严格发展团员后，新入团团员总数会降低，因此，政治引领要更多思考如何做好学生群众的工作。如在当前的"四史"学习中，不再局限于党员干部，广大人民群众也参与了进来。

精准引领要面向团员和团干部分类设计和推进，注重他们的一般需求（知识学习、参与实践等）和特殊需求（经济困难、情感交友等），突出团干部的主导作用，进而以点带面调动整个青年团组织。对其他学生群众而言，共青团组织积极围绕中心、服务大局，从爱国主义、劳动奋斗精神、制度自信、文化自信等角度去开展政治引领工作，创新工作方式方法，运用朋辈互相影响，真正带领广大青年同向同行。

（三）团教协同，着力第一课堂和第二课堂融合育人

部分青年学生趋于功利化，认为团组织政治引领活动价值感和获得感较低，对自己的学业、就业没多大帮助。而团干部时不时抱怨这些活动耽误了自身学习，大多时候基本自己一个人在做，总感觉没有多大意义。基于此，团组织应和教育教学联动，与第一课堂实现有效连接，引导青年同等重视这两个课堂。第一课堂（主要是思政课）要主动引入团组织知识、思想和历史，设计相关的课程实践。作为第二课堂的团组织政治引领活动要对标教育教学目标和要求，二者协同促进学生政治人格的成长。

着力第一课堂和第二课堂融合育人还要大力推进"第二课堂成绩单"制度。作为学生综合素质的重要参考，该制度在信息收集、活动开展、学分认定等方面实现了高效、便捷操作。我们要更加重视校园信息化平台，加大智慧校园建设投入，减轻学生申请与操作上的烦琐程序，极大提升他们对第二课堂的认可度，从而让第二课堂与第一课堂达到有效互补，成为大学生生活的必要组成部分。

（四）保障时空，构建政治引领的长效机制

高校青年思想政治工作总是在一定的时空场域内实施和开展的，它是决定高校思想政治工作体系良好运转的客观基础，对青年思想政治工作的开展进程与最终效果有着重要影响[①]。当今社会高速运转，节奏快，变化迅速，反映在高校校园亦如是。繁重的学业、众

---

① 刘广登，葛大伟. 新时代高校青年思想政治工作的动能转换和空间重构 [J]. 中国青年研究，2019（02）.

多的校园活动和社会实践对还处在成长期、思维活跃期的青年而言本身就充满压力和挑战。移动互联网的发展进一步加快了这种节奏，而一个人的时间是有限的，因此谁占据了用户时间，谁就拥了用户及其产生的价值。笔者认为在碎片化时代，要努力利用好青年学生的碎片时间与空间，同时更要提供足够的保障。调研中，课题组发现政治引领活动在时间上数量偏多，但空间上保障乏力。大多政治引领活动要去和其他校园活动争抢物理空间，时常面临无合适场地的尴尬境地。所以，政治引领长效机制除了在经费上投入外，也要重视保障时间与空间。

高校相关部门要加强顶层设计，合理安排学生教学活动，预留好学生第二课堂时间。而校院团委深化合作与联动，减少或直接停办不必要的活动，并整合资源，重点创建若干个共青团政治引领的物理空间，营造浓郁的氛围，激发情境育人功能，落实落细长效育人机制。

五、高校共青团政治引领路径

共青团的固有基础及在青年心中的刻板印象、社会多元价值取向、网络话语空间挑战、"圈层文化""后真相"等现象深刻影响青年政治引领工作。在这个复杂多变的环境中，高校共青团政治引领需正本清源，集中资源精准把握，着力攻克主要矛盾，形成"全团抓思想政治引领"的思想自觉和行动自觉氛围，进而大力开阔视野，创新性地做好马克思主义青年化这一基础而重要的工程。

共青团政治引领路径聚焦其难点和重点，关键在于有实效，这意味着需进行整体设计和全方位、全过程的升级，推动共青团的各项改革，如《中长期青年发展规划（2016—2025年）》的落实，将青年政治成长和社会成长结合起来。

（一）引领内容上坚持发展观

政治引领的内容要坚持发展观，既要按照时代和青年发展的特点提供内容，又要提供具有一定难度，适合启悟青年的内容。内容供给是政治引领工作效果的决定性因素。通过全面满足青年对历史、重要知识、先进思想的渴求，来实现信息对称和良性互动，增强青年认同感。新时代青年需积极锤炼本领，坚定理想信念，肩负起民族复兴的重任，做好中国特色社会主义事业建设的生力军。当前政治引领工作可组建专门内容供给研究团队，精选相关内容、挖掘代表人物事迹和梳理经典思想故事等为学生学习、思维发展助力。

对选定内容要进行凝练和再发展创造，使之能够引发青年学生的思考和顿悟。自媒体时代，学生知识获取渠道多，从内心就拒绝再去花精力去听一些大家熟悉的、浅层的知识。因此，要注重分享全新的内容或者经过创造转化的常规内容，填充青年知识上的盲点、纠正误区，促使他们沉下心去主动思考。

（二）引领载体上坚持特色与品牌

丰富政治引领载体的同时更需要重点打造特色和品牌。它不像一般的校园活动，其要求、内容深度、期盼效果等都要更严更高，且旗帜鲜明地讲政治。目前共青团政治引领活动如团日活动、团课、三会、主题班会、节庆活动等，从名称上不容易体现共青团的特点和基层团组织的特色。创建特色和品牌有利于积累活动经验，有利于凝聚共青团力量，有利于传承政治引领工作精神，并通过项目化来推进基层团组织政治引领工作品牌化，一般高校团支部在校时间有四年，重点打造时间为前两年。校院两级团委加强指导，制定两年和四年行动计划，最大力度整合资源，围绕重大主题持续推进。虽然团支部名称、人员构成会变，但专业、物理环境变化较小，品牌一旦形成就可以发挥其引领、感染青年的功能。

（三）引领话语上坚持"土味"与"网味"

上文中提到政治引领一大难点为话语转化要具备价值感和时代性，要直指青年心声。而把抽象理论传达给青年学生并积极践行就需要话语上的创新创造，但前提是对经典著作、原文的背景、内容及其意义有所了解。话语上必须坚持"土味"，即原原本本表达其内涵。习近平总书记在"不忘初心、牢记使命"主题教育工作会议上的讲话中指出，"要强化理论武装，聚焦解决思想根子问题，组织党员干部读原著、学原文、悟原理，自觉对表对标，及时校准偏差"。高校团组织可以组织团干部读书班、团员读书小组等，全面学习相关理论和思想。

引领话语在坚持"土味"的同时，还需兼具接地气的"网味"。青年学生日常生活很大一部分时间在网络世界里，用流行、受欢迎的网络话语、载体表达，可以有效走进青年眼里、心里。不少访谈对象提到要创新话语，多多利用网络新媒体、小视频、图片、音频及组织特色线上活动等方式来开展工作，激发青年兴趣。

（四）引领机制上坚持基层团组织"唱主角"

当前党建中特别强调党支部"唱主角"，那么对团建而言，就是高校基层团组织，尤其是班级团支部要"唱主角"。基层团支部在政治引领方面存在的宣传力量微弱、理论功底薄弱、组织能力羸弱等问题亟须改善。基础不牢，地动山摇。政治引领工作要抓住基层团支部，夯实其力量，积极为其赋能。

在"全团主抓基层"的背景下，各级共青团应抓住机遇，将工作重心和重点进一步下沉，给予基层团组织经费、时空保障和激励机制，并加强团员骨干队伍培训，切实推进团支部规范化、标准化，将团支部内部建设和外部建设结合起来，拓宽非团员影响面，切中新时代青年政治人格养成的痛点，不断提高共青团政治引领的可操作性和有效性，持续提升政治引领工作的组织力、服务力和凝聚力。高校共青团组织政治引领重要性不言而喻，关系着党的助手和后备军培养，关系着中国特色社会主义事业是否后继有人，关系着新时代长征路上接力棒选手是否合格。面对错综复杂、百年未有之大变局的国际背景和处于关键转型期与历史交汇期的国内环境，作为光荣的中国共青团重要组成部分，从其历史与实践看，高校共青团组织基础好、影响大、动力足，理应承担更重责任和主动肩负更重的担子。讲政治是新时代高校共青团组织发展自身和应对各类事务的第一法宝，是在实现中华民族伟大复兴的奋斗中彰显自身价值的核心体现。

新时代高校共青团既面临着政治思想教育认可度低、工作方式陈旧等老问题，也面临着话语转化、品牌打造、功利主义等不良思潮冲击的新问题，工作重点和难点相互制约，看似举步维艰，但实际上共青团就是在解决新老问题交织的过程中壮大，成为青年先锋队的。高校共青团要继续加强政治引领研究和实践探索，融入党、国家和时代的熔炉中，锻造自身，始终成为中国青年政治人生的最可靠的引领者。

第二节　院级团学组织在高校全球
治理人才培养中的作用

中国作为全球治理体系的重要参与者、建设者和贡献者，在加强与完善全球治理体系的过程中也扮演着关键角色，而高校作为国家人才培训与储备的主力，更需依据国际形势与国家需要规划并开展相应的全球治理人才培养工作。院级团学组织作为高校思政教育的基层青年力量，在校院两级党组织及校级团学组织的领导统筹下开展具体的、有特色的、更契合专业学科特点与不同学生群体的组织建设、活动开展、宣传推介等工作，作为连接学校与学生的关键纽带、实施学风建设与提升综合素质的重要环节、开展实践教育与思政活动的主要平台，在高校全球治理人才培养过程中发挥着积极作用。

2017 年 1 月 18 日，习近平总书记在联合国日内瓦总部发表了题为《共同构建人类命运共同体》的主旨演讲，向国际社会阐述了构建人类命运共同体与建设一个持久和平、普遍安全、共同繁荣、开放包容和清洁美丽的世界的重要思想。构建人类命运共同体，推动国际治理体系变革，为国际社会提供更多的中国智慧、贡献更多的中国力量，需要培养一大批既熟悉中国国情、又熟悉国际规则的综合型复合型国际治理人才。高校作为人才培养的重要培训与储备基地，高素质全球治理人才培养是落实党和国家加快推进教育现代化、建设教育强国总体部署和战略设计的一步先手棋，高校必须扎根中国大地，以更高远的历史站位、更宽广的国际视野、更深邃的战略眼光，主动担当，有所作为。

一、高校在培养全球治理人才过程中扮演重要角色

习近平总书记在不同场合多次强调高校在人才培养方面的要求，曾明确指出，我国要大力培养掌握党和国家方针政策、具有全球视野、通晓国际规则、熟练运用外语、精通中外谈判和沟通的国际化人才，有针对性地培养对外战略急需的懂外语的各类专业技术和管理人才，有计划地培养选拔优秀人才到国际组织任职。落实总书记的重要指示，需要高校在学校层面做好全球化人才培养顶层设计，学院层面针对全球治理人才培养制定专业的、有特点的、符合实际的各类措施与方法，师生协同从内在与外在提升国际化人才综合素质。

（一）学校做好顶层设计

当前我国高校人才培养模式与全球治理理念存在一定的差距。因此我们需要认清形势，冷静分析在全球治理的国际背景下我国高校人才培养所面临的困境与机遇。高校应从制度上重视全球治理人才培养，以立德树人为根本任务，加强学科与师资建设，强化综合素质提升与能力培养，提升国际化水平并拓展实习实践渠道。高校推进"双一流"建设的实质是培育出"双一流"的人才，自2015年

10 月国务院印发《统筹推进世界一流大学和一流学科建设总体方案》以来，高校对于"双一流"建设的目标就始终聚焦在"培养拔尖创新人才，突出人才培养的核心地位，着力培养具有国家使命感和社会责任心，富有创新精神和实践能力的各类创新型、应用型、复合型的优秀人才。"

（二）学院制定特色政策

学院作为高校的基层教学单位与管理单位，对于根据学科特点与学生特点落实学校的全球治理人才培养计划、制定学院特色全球治理人才培养方案起到了至关重要的作用。在实际培养过程中，学院领导班子要强化管理与指导作用，不断动态调整政策，并创造各类条件，保障政策施行顺畅，同时调动学院师生的积极性，参与、探索并创新学院全球治理人才培养模式。

（三）师生落地具体做法

师生共同参与全球治理人才培养有利于塑造良好学风环境与学习氛围、加强师生联系与沟通、提升师生综合素质。师生双方在教与学两个方面通过不同角度共同为全球治理人才培养探索新的途径与方法，专业课教师在教授专业知识的基础上还要加强对对象国文化、国际礼仪、国际政治等国际化人才必备知识的推介，结合学科特点，不断增补教学内容、完善教学方法、提供技能培训；学生则需要在夯实专业基础知识的过程中汲取其他知识，积极投身实践实习，在学习过程中有意识地树牢理想信念、锤炼综合素质、提升国际视野，配合教师的教学工作并及时提出反馈与建议。

二、院级团学组织在高校全球治理人才培养中的作用探析

院级团学组织作为高校思政教育的基层青年力量，在校院两级党组织及校级团学组织的领导统筹下开展具体的、有特色的、更契合专业学科特点与不同学生群体的组织建设、活动开展、宣传推介等工作，作为连接学校与学生的关键纽带、实施学风建设与提升综合素质的重要环节、开展实践教育与思政活动的主要平台，在高校全球治理人才培养过程中发挥着积极作用。以北外为例，具体主要体现在以下四个方面。

（一）强化思政引领功能　弘扬爱国荣校精神

院级团学组织在高校全球治理人才培养过程中可以充分发挥其思政引领作用，团学组织作为重要的青年群团组织，有着强大的青年群众基础。同时院级团学组织有着极强的政治性与先进性、源头性和基础性，在团学组织队伍建设中强化学生骨干政治意识与爱国荣校的核心理念，通过集体学习国家政策方针、领导人重要讲话、党史、新中国史、改革开放史、社会主义发展史、校史等，并通过院级团学组织干部群体辐射学院师生，以学院活动为载体，开展形式多样的主题思想教育，例如组织集体学习活动、举办国情讲座、开展"四史"知识竞赛等。具体来说学院团总支组织部会定期组织学院团学干部集体学习国家领导人及上级各部门的讲话与工作要求，并在集体学习会上着手制定符合学院特点与外语学习者特色的施行方法，学院领导、辅导员、专业课教师也共同参与学习，同时定期以班团为单位开展活动，通过观影阅读、实地走访、志愿服务等多种方式让基层

班团组织发挥思政引领作用，这有利于凝聚学院骨干力量、巩固爱党爱国爱校意识、提升服务全院师生觉悟、带动全院师生共同进步。

（二）加强专业学风建设　扎实语言与专业知识功底

过硬的语言能力、较强的专业知识和渊博的百科知识是全球治理人才必备知识的基础。院级团学组织在人才培养过程中对于学院的学风建设与学业发展的有效作用，促进了各类技能共同提升，具体可以细化为：发挥团学干部在学风建设中的表率作用；重视团学组织在学风建设中的感召作用；增强团学活动在学风建设中的推动作用；发挥团学工作与任课教师的沟通作用。比如，在北外，阿拉伯学院在团学干部的遴选过程中将学业成绩作为考量的标准之一，同时也加入其任期考评指标，辅导员会定时向专业课老师跟进团学干部的学习情况，在鼓励精进专业学习的同时强调其他知识与能力锻炼的重要性，时刻向团学干部与学生群体强调全面发展的重要性。在由学院团总支学生会各部门组成的线上与线下工作联动机制中，各类线上线下宣传活动在学生群体中传播并鼓励学生参与其中，补充专业课之外的国家政策、国际准则、百科知识与跨文化交际知识，尤其是针对 22 个阿拉伯语国家文化背景与语言特色普及与宣传，拓展语言之外的各类全球治理人才必备知识，从而在国际化大舞台上可以"掌握政策""熟悉业务"。

（三）深化复合能力培养　促进综合素质提升

习近平总书记于 2016 年 9 月 27 日在主持中共中央政治局就二十国集团领导人峰会和全球治理体系变革集体学习时强调，"要提高我国参与全球治理的能力，着力增强规则制定能力、议程设置能力、舆论宣传能力、统筹协调能力。参与全球治理需要一大批熟悉党和国家方针政策、了解我国国情、具有全球视野、熟练运用外语、通晓国际规则、精通国际谈判的专业人才"。院级团学组织在塑造全球治理人才的复合型学习创新能力上也起着促进作用，团学组织接受了来自不同年级，不同民族，不同价值观、人生观的学生群体，在工作中相互学习交流、团结协作、分工合作，不断完善知识结构、提升认知能力、激发创新思维，团学组织对于更具体的思辨能力、统筹协调能力、自我管理能力、文化包容能力等除语言能力外的其他全球治理人才所需求的能力培养都起到了促进作用，学生在参与团学组织或参加团学组织活动的过程中塑造出主动开放、灵活应变、积极抗压的个性特征和责任担当。院级团学组织把德育与智育、体育、美育、劳动教育有机结合起来是促进学生综合素质提升的关键原则，德智体美劳共同发展是当代青年大学生的培养要求，更是全球治理人才培养的重要内容。

（四）创新社会实践模式 拓宽实习实践渠道

院系团学组织本身作为学校的实践平台之一以及辅助其他平台的重要助力，对高校全球治理人才的培养起到了正向作用。院系团学组织可以通过开展科普讲座、兴趣小组、参观访问、辩论赛等形式多样的学生活动，增强在校学生的全球治理意识和国际组织就业志向。通过新媒体平台与线上通知等方式推介国际组织实习与宣讲计划，积极动员并激发学生群体对国际组织的兴趣，增进学生对国际组织架构、工作模式的了解。同时，院系团学组织也要探索并创新符合全球治理人才能力培养需要的社会实践方式。不断拓展实习实践的渠道是高校培养全球治理人才的又一重要工作，院系团学组织在其中发挥了重要的宣传与沟通作用。国家外语能力建设始终服务于国家和社会发展大局，大致经历了从政治型工具范式、经济型工具范式到文化范式的三个阶段，同时也是语言学习的三个内容阶段。每一个青年都应该成为社会主义建设者和接班人，在社会实践方面，要知行合一、做实干家，面向实际、深入实践，严谨务实、苦于实干，在新时代干出一番事业。院级团学组织以社会实践为载体，发挥着实践育人的目标，为高校培养有经历、有经验的全球治理人才起着积极作用。

院级团学组织作为基层群团组织，在高校全球治理人才培养过程中起到了多方面、多维度、多层次、多举措的重要作用，通过完善组织机构建设、强化思想理论引导、提升团干队伍素养来带动院级团学组织的整体提升，同时院级团学组织的提升也会从思政引领、素质提升、学风建设、实习实践四个方面更好地辅助高校全球治理人才的培养。国际治理人才不仅需要较强的语言能力和渊博的专业知识，而且更需要崇高的理想抱负和真正的全球视野，院级团学组织作为高校开展各类工作的有力抓手，应在确立服务"立德树人"育人工作的前提下，结合学生的思想动态、行为方式、个人追求的不断变化，明确工作的方向和内容，积极吸收管理群体、教学群体与学生群体，从而扎实做好新时代育人工作，帮助学生成人成才，更好地培育出可以应对日趋复杂的国际环境、体现中国大国担当的高素质全球治理人才，代表中国参与到国际事务和国际治理中去，向世界讲好中国故事，为人类贡献中国智慧。

参考文献

专著：

费孝通. 文化与文化自觉 [M]. 北京：群言出版社，2018.

李庚靖. 毛泽东干部教育思想新论 [M]. 北京：中共中央党校出版社，2013.

庞中英. 全球治理与世界秩序 [M]. 北京：北京大学出版社，2012.

秦亚青. 全球治理——多元世界的秩序重建 [M]. 北京：世界知识出版社，2019.

沈壮海. 论文化自信 [M]. 武汉：湖北人民出版社，2019.

习近平. 习近平谈治国理政（第三卷）[M]. 北京：外文出版社，2020.

俞可平. 全球化：全球治理 [M]. 北京：社会科学文献出版社，2003.

张蔚萍. 思想政治工作学教程 [M]. 北京：中共党史出版社，2004.

期刊：

蔡中华. 新时代爱国主义的理论蕴涵和内在特质 [J]. 学校党建与思想教育, 2019 (8): 29-32.

程刚, 新时代高校文化育人途径探析 [J]. 思想理论教育导刊, 2018 (10): 136-139.

崔晓娟, 蔡文伯. 故事会说话: 增强高校思想政治教育实效性的思考 [J]. 兵团教育学院学报, 2020 (5): 16-39.

洪岗. 基于人类命运共同体理念的外语院校人才全球素养培养 [J]. 外语教学, 2019 (7).

胡亭. 论高校团学组织在学风建设中的功能 [J]. 科教导刊, 2012 (7): 238-239.

黄明东, 阳夏. 全球治理视角下高校人才培养模式创新的战略思考 [J]. 现代教育管理, 2018 (7): 20-25.

金茜, 刘倩如. 全球治理视域下国际组织人才培养的实践探索 [J]. 中国高等教育, 2020 (8): 50-52.

靳诺. 围绕立德树人 加强"四史"教育 [J]. 思想政治工作研究, 2020 (5): 22-24.

阚阅. 全球治理视域下我国的国际组织人才发展战略 [J]. 比较教育研究, 2016 (12): 16-21.

李春玲. 疫情冲击下的大学生就业: 就业压力、心理压力与就业选择变化 [J]. 教育研究, 2020 (7): 4-16.

李曼宁. 新时代大学生爱国主义教育探究 [J]. 现代交际, 2020 (13): 179-180.

李向阳，李蓉. 参与式工作坊模式下的实践课程教学设计与实施 [J]. 广东农工商职业技术学院学报，2020（3）：37-40.

刘丽敏. 高校思想政治工作中的文化自信教育探析 [J]. 思想教育研究，2018（1）：130-134.

刘如意. 大学生文化自信的现状及成因 [J]. 北方文学，2017（15）：195-197.

刘先春，赵洪良. 高校文化立德树人的育人功能研究 [J]. 思想教育研究，2018（12）：87-90.

罗莎，熊晓琳. 新时代高校文化育人实现理路探赜 [J]. 思想教育研究，2020（4）：135-139.

马川. 00后大学生心理健康水平的实证研究——基于近两万名2018级大一学生的数据分析 [J]. 思想理论教育，2019（3）：95-99.

彭龙. 全球治理体系变革与国际组织人才培养 [J]. 社会治理，2017（4）：10-13.

秦在东，唐佳海. 新时代提升文化育人质量的基本方略 [J]. 思想理论教育，2019（6）：101-105.

沈骑，曹新宇. 全球治理视域下中国国家外语能力建设的范式转型 [J]. 外语界，2019（6）：45-52.

石中英. 努力培养德智体美劳全面发展的社会主义建设者和接班人 [J]. 中国高校社会科学，2018（6）：9-15.

王丰昌. 微信公众平台：提升思政教育质量的有效载体——以江汉大学官方微信公众平台为例 [J]. 淮南职业技术学院学报，2019，19（6）：50-52.

王学俭，石岩. 新时代课程思政的内涵、特点、难点及应对策略 [J]. 新疆师范大学学报（哲学社会科学版），2020（2）：51.

翁良殊，屈晓婷. 厚植新时代大学生爱国主义情怀的三重维度 [J]. 思想理论教育导刊，2019（5）：125-128.

吴桐，金昕. 人类命运共同体与爱国主义教育的创新发展 [J]. 思想政治教育研究，2019，35（4）：35-39.

吴增礼，王梦琪. 中华优秀传统文化创造性转化与创新性发展的维度和限度 [J]. 湖南大学学报（社会科学版），2020，34（1）：1-7.

吴祖峰，洪磊，李周等. 基于 PDCA 循环的全程化就业指导模型的探索与实践 [J]. 电子科技大学学报（社科版），2016（3）：95-98.

于秀琴，刘俊英. 创新高校社会实践教学的长效机制 [J]. 教育与职业，2007（27）：163-164.

赵龙跃. 国际治理人才培养的思考与实践 [J]. 神州学人，2019（1）：26.

赵龙跃. 构建人类命运共同体与国际治理人才培养 [J]. 太平洋学报，2020（1）：28-35.

赵媛媛. 新媒体对高校思想政治理论课教学有效性的影响 [J]. 智库时代，2019（47）：78-79.

朱秋. 高校"课程思政"体系化建设内容研究 [J]. 长春师范大学学报，2020（5）：8.

报纸：

何继龄. 文化自信是高校思想政治工作的动力源 [N]. 光明日

报，2016-12-26（11）.

庞中英. 建设中国与世界的价值关系［N］. 南方都市报. 2004-
07-19.

习近平在中共中央政治局第二十九次集体学习时强调大力弘扬
伟大爱国主义精神为实现中国梦提供精神支柱［N］. 人民日报，
2015-12-31（01）.

习近平：在 2019 年春节团拜会上的讲话［N］. 人民日报，
2019-02-04（01）.

习近平：在全国高校思想政治工作会议上的讲话［N］. 人民日
报，2016-12-09（01）.

赵龙跃. 我国应积极为国际组织输送管理人才［N］. 国际商报，
2011-06-11（01）.

论文：

刘杰. 上海高校国际化人才思想政治素质培养路径研究［D］.
上海：上海外国语大学，2019.

庞娟. 新媒体时代大学生思想政治教育创新研究［D］. 太原：
山西大学，2019.

孙夏萍. 新时代大学生爱国主义教育研究［D］. 北京：中国地
质大学（北京），2019.

王丽媛. "中国梦"视域下大学生爱国主义教育研究［D］. 西
安：西安理工大学，2017.